الروح القدس فينا

ديريك برنس

الروح القدس فينا

Originally published in English under the title
The Holy Spirit in You
ISBN 978-0-88368-961-5

Copyright © 1973, 2002 Derek Prince Ministries–International.

المؤلف: ديريك برنس
الناشر: المؤسسة الدولية للخدمات الاعلامية ت: ٩٨٨٩ ٨٥٥ ١٠٠ ٢٠+
المطبعة: مطبعة سان مارك ت: ٢٣٤١٨٨٦١ ٢٠٢+
التجهيز الفني: جي سي سنتر ت: ٢٦٣٧٣٦٨٦ ٢٠٢+
الموقع الالكتروني: www.dpmarabic.com
البريد الالكتروني: sales@dpmarabic.com
رقم الايداع: ٢٢٠٦٣ ـ ١/١٠/٢٠٠٧
الترقيم الدولي: 977-6194-16-8

Derek Prince Ministries–International
PO Box 19501
Charlotte, North Carolina 28219
USA
Translation is published by permission

Copyright © 2013 Derek Prince Ministries–International

www.derekprince.com

DPM

المحتويات

الفصل الأول: قبل يوم الخمسين ٥

الفصل الثاني: الروح القدس في حياة يسوع ١٥

الفصل الثالث: ما حدث يوم الخمسين ٢٥

الفصل الرابع: المعزي الساكن فينا ٣٥

الفصل الخامس: إعلان كلمة الله ٤٣

الفصل السادس: الارتفاع إلى مستوى فوق الطبيعي ٥١

الفصل السابع: العون في الصلاة ٦١

الفصل الثامن: حياة وصحة لأجسادنا ٧١

الفصل التاسع: انسكاب المحبة الإلهية ٨١

الفصل العاشر: الانفتاح للروح القدس ٩٣

الفصل الأول

قبل يوم الخمسين

تقدم لنا كلمة **الله** المكتوبة معرفةً لا نستطيع الحصول عليها بطريقة أخرى. ويتعلق أحد إعلانات الكتاب المقدس بطبيعة **الله**، وهو إعلان فائق الأهمية. فالكتاب يكشف سراً ما كنّا لنعرفه من أي مصدر آخر، وهو أن **الله** واحد، لكنه أكثر من واحد! **الله** واحد، وثلاثة أقانيم*(أم أشخاص): الآب والابن والروح القدس، كما تعلن كلمة **الله**. أما كتابنا هذا فيدور حول الروح القدس.

ويعتبر شخص الروح القدس وعمله من أهم إعلانات الكتاب المقدس وأكثرها تَمَيُّزاً. وأول ما ينبغي إدراكه

* أقانيم: جمع (أقنوم) وهي كلمة سريانية الأصل تعني «شخص». ونحن نستخدم إحدى الكلمتين «أقنوم، شخص» بالتبادل كترجمة لكلمة واحدة: «person»، وإحدى الكلمتين «أقانيم ، أم أشخاص» بصيغة الجمع.

هو أن الروح القدس شخصٌ مثل الآب والابن تماماً. ويسهل علينا كبشر أن ندرك شخصية الآب والابن إدراكاً نسبياً، لكن الصعوبة تكمن في إدراك شخصية الروح القدس.

الله عليم بكل شيء؛ كل شيء مكشوف أمامه، وذلك من خلال الروح القدس. ومن خلال الروح القدس أيضاً، **الله** حاضر في كل مكان في الوقت نفسه. ويصف علم اللاهوت هاتين الحقيقتين في طبيعة **الله** بالكلمتين: «كلي المعرفة - omniscient».

و«كلي الحضور - omnipresent». وتعلن كلمة **الله** المكتوبة هذه الحقيقة في مقاطع متنوعة من الكتاب، مثلاً، يقول الرب في (إرميا ٢٣: ٢٣-٢٤):

«أَلَعَلِّي إِلَهٌ مِنْ قَرِيبٍ يَقُولُ الرَّبُّ وَلَسْتُ إِلَهاً مِنْ بَعِيدٍ؟ إِذَا اخْتَبَأَ إِنْسَانٌ فِي أَمَاكِنَ مُسْتَتِرَةٍ، أَفَمَا أَرَاهُ أَنَا يَقُولُ الرَّبُّ؟ أَمَا أَمْلأُ أَنَا السَّمَاوَاتِ وَالأَرْضَ، يَقُولُ الرَّبُّ؟».

يملأ الله السموات والأرض، فما من مكان ليس فيه الله، وما من حدث لا يعرفه. وتكشف افتتاحية المزمور ١٣٩ عن هذه الحقيقة بصورة جميلة، حيث نقرأ:

«يَا رَبُّ قَدِ اخْتَبَرْتَنِي وَعَرَفْتَنِي. أَنْتَ عَرَفْتَ جُلُوسِي وَقِيَامِي. فَهِمْتَ فِكْرِي مِنْ بَعِيدٍ. مَسْلَكِي وَمَرْبَضِي ذَرَّيْتَ، وَكُلَّ طُرُقِي عَرَفْتَ. لأَنَّهُ لَيْسَ كَلِمَةٌ فِي لِسَانِي إِلاَّ وَأَنْتَ يَا رَبُّ عَرَفْتَهَا كُلَّهَا. مِنْ خَلْفٍ وَمِنْ قُدَّامٍ حَاصَرْتَنِي، وَجَعَلْتَ عَلَيَّ يَدَكَ. عَجِيبَةٌ هَذِهِ الْمَعْرِفَةُ فَوْقِي. ارْتَفَعَتْ لاَ أَسْتَطِيعُهَا. أَيْنَ أَذْهَبُ مِنْ رُوحِكَ، وَمِنْ وَجْهِكَ أَيْنَ أَهْرُبُ؟ إِنْ صَعِدْتُ إِلَى السَّمَاوَاتِ فَأَنْتَ هُنَاكَ، وَإِنْ فَرَشْتُ فِي الْهَاوِيَةِ فَهَا أَنْتَ. إِنْ أَخَذْتُ جَنَاحَيِ الصُّبْحِ، وَسَكَنْتُ فِي أَقَاصِي الْبَحْرِ، فَهُنَاكَ أَيْضاً تَهْدِينِي يَدُكَ وَتُمْسِكُنِي يَمِينُكَ. فَقُلْتُ: «إِنَّمَا الظُّلْمَةُ تَغْشَانِي». فَاللَّيْلُ يُضِيءُ حَوْلِي! الظُّلْمَةُ أَيْضاً لاَ تُظْلِمُ لَدَيْكَ، وَاللَّيْلُ مِثْلَ النَّهَارِ يُضِيءُ. كَالظُّلْمَةِ هَكَذَا النُّورُ» (مزمور ١٣٩: ١- ١٢).

يــا لهـا مـن لغـة رائعـة! ويـا لـه مـن كشفٍ مذهل عن حكمــة الله! فحضــور الله يخــترق الكــون كلـه، لا مكان تخـتبــئ فيـه عـن الله، ولا مسافة يمكنها أن تفصلك عنه، ولا ظلمــة تخفيـك عـن عينيـه. الله في كل مكان؛ حضوره مـلء الكون وأعظم، ويحيـط علمـاً بكل مـا يحدث في كل مكان.

ومفتــاح فهمنـا لهـذا السـر هــو العـدد السـابـع، حيث يقول كاتب المزمور:

«أَيْنَ أَذْهَبُ مِــنْ رُوحِكَ، وَمِنْ وَجْهِـكَ أَيْنَ أَهْرُبُ؟» وهنـا مثـال نموذجي من الشعر العـبري، حيث يتحدث المقطعان الشعريان عـن فكرة واحدة بالأساس؛ فوجه الله هنا هو حضرة الله (انظر الترجمة التفسيرية، كتاب الحياة)، وحضرة الله في المقطع الشعري الثاني، تتطابق مع روحه في المقطع الأول:

«أين المهرب من روحــك؟ أين المفر من حضرتك؟» (الترجمة التفسيرية ـ كتاب الحياة).

فالله حاضر في كل مكان بالروح القدس، ومن خلال الروح يعرف الله كل الأشياء في كل زمان ومكان.

وقد كان الروح القدس عاملاً في الكون منذ بدء الخليقة، ومازال يخبرنا صاحب المزمور عن حقيقة ما حدث في عملية الخلق فيقول:

«بِكَلِمَةِ الرَّبِّ صُنِعَتِ السَّمَاوَاتُ، وَبِنَسَمَةِ فَمِهِ كُلُّ جُنُودِهَا.» (مزمور ٣٣: ٦).

وبينما يستخدم المترجم العربي الكلمة «نسمة»، فإن الكلمة العبرية هي حرفياً «روح». وهكذا تصبح الكلمات كما يلي: «بكلمة الرب صُنعت السموات، وبروح فيه (أي فمه) كل جنودها». أي أن كلمة الرب وروح الرب هما الوكيلان العظيمان اللذان كانا وراء وجود هذا الكون وهذه الخليقة. وإذا عدنا إلى أول أسفار الكتاب المقدس، نجد هذه الحقيقة واضحةً بتفصيل أعظم في الأعداد الأولى من السفر:

«فِي الْبَدْءِ خَلَقَ اللهُ السَّمَاوَاتِ وَالأَرْضَ. وَكَانَتِ الأَرْضُ خَرِبَةً وَخَالِيَةً، وَعَلَى وَجْهِ الْغَمْرِ ظُلْمَةٌ، وَرُوحُ اللهِ يَرِفُّ عَلَى وَجْهِ الْمِيَاهِ. وَقَالَ اللهُ: «لِيَكُنْ نُورٌ» فَكَانَ نُورٌ». (تكوين ١: ١ـ ٣).

كان روح **الله** حاضراً في تلك الظلمة وفي ذلك الفقر. وتشير الكلمة «يرف» إلى صفة تتعلق بالطيور، فقد أُعلن الروح القدس في الكتاب كحمامة نازلة من السماء، وها هو الآن يرف عبر الظلمة التي تغطي وجه المياه.

ونقرأ في العدد الثالث: «**وَقَالَ اللهُ: «لِيَكُنْ نُورٌ» فَكَانَ نُورٌ**». فنرى وكيلا الخليقة بوضوح: روح **الله** وكلمته. وعندما يتحد روح **الله** بكلمة **الله**، يتحقق الخلق؛ عندما يجتمع روح **الله** وكلمته معاً، يُخلق شيء جديد (كالنور في هذه الحالة). لقد عرف النور طريقه إلى الوجود، إذ كونته وحدة الروح والكلمة. إذاً، كان روح **الله** يعمل في الكون منذ بدء الخليقة فصاعداً، وكان

حضوره دائماً في كل مكان. وبشكل ما، فالروح القدس هو وكيل اللاهوت العامل والمنفذ لإرادته.

لقد منح الروح القدس القوة لكل رجال **الله** في العهد القديم، وألهمهم وأوحي إليهم. وتطول القائمة حتى لا نستطيع سرد جميع الأسماء هنا، لكننا نتطرق إلى بضعة أمثلة فيما يلي:

أول الأمثلة يتعلق بالرجل الذي صمم ونفذ أثاث خيمة الاجتماع وتابوت العهد، وهو بصلئيل بن أوري. يقول الرب في (خروج ٣١: ٢-٣):

«اُنْظُرْ! قَدْ دَعَوْتُ بَصَلْئِيلَ بْنَ أُورِي بْنَ حُورَ مِنْ سِبْطِ يَهُوذَا بِاسْمِهِ، وَمَلأْتُهُ مِنْ رُوحِ اللهِ بِالْحِكْمَةِ وَالْفَهْمِ وَالْمَعْرِفَةِ وَكُلِّ صَنْعَةٍ».

فروح **الله** الذي ملأ بصلئيل، أعطاه القدرة على الإبداع فيما صنعه من نجارة ونقش وترصيع. لقد بهرتني هذه الحقيقة دائماً: بصلئيل هو أول من صرَّح الكتاب المقدس بأنه امتلأ بالروح القدس، وكانت

النتيجة - في هذه الحالة - المهارة في الصنعة اليدوية، الأمر الذي يؤكد على القيمة الفائقة للحِرَف اليدوية، وفي سفر (التثنية ٣٤: ٩) نقرأ ما يلي عن يشوع:

«**وَيَشُوعُ بْنُ نُونٍ كَانَ قَدِ امْتَلأَ رُوحَ حِكْمَةٍ** (أي روح الله)، **إِذْ وَضَعَ مُوسَى عَلَيْهِ يَدَيْهِ، فَسَمِعَ لَهُ** (أي ليشوع) **بَنُو إِسْرَائِيلَ وَعَمِلُوا كَمَا أَوْصَى الرَّبُّ مُوسَى**».

كان يشوع القائد العسكري العظيم الذي فتح أرض الموعد، وقد نجح في ذلك لأنه امتلأ بالروح القدس. في (قضاة ٦: ٣٤)، نقرأ عن جدعون:

«**وَلَبِسَ رُوحُ الرَّبِّ جِدْعُونَ فَضَرَبَ بِالْبُوقِ، فَاجْتَمَعَ أَبِيعَزَرُ وَرَاءَهُ**».

لبس روح الرب جدعون، أي جاء من الأعالي، وحوله إلى ذلك القائد الجبار، بعد أن كان شاباً جباناً ينكمش على نفسه مرتعداً في معصرة الكرمة عاجزاً عن عمل أي شيء مؤثر. لكن روح الله غيَّره عندما حل عليه.

ثم نقرأ عن داود الملك والشاعر، في (٢صموئيل ٢٣: ١ـ ٢) ما يلي:

«**فَهَذِهِ هِيَ كَلِمَاتُ دَاوُدَ الأَخِيرَةُ: «وَحْيُ دَاوُدَ بْنِ يَسَّى، وَوَحْيُ الرَّجُلِ الْقَائِمِ فِي الْعُلاَ، مَسِيحِ إِلَهِ يَعْقُوبَ، وَمُرَنِّمِ إِسْرَائِيلَ الْحُلْوِ: رُوحُ الرَّبِّ تَكَلَّمَ بِي وَكَلِمَتُهُ عَلَى لِسَانِي**».

لقد قدم لنا داود مزاميره الرائعة، لأن روح الرب تكلم به، وكانت كلمة روح الرب على لسانه. لاحظ ـ مرة أخرى ـ الترابط ما بين روح **الله** وكلمة **الله**.

وفي (٢بطرس ١: ٢١)، يلخص بطرس خدمة أنبياء العهد القديم قائلاً:

«**لأَنَّهُ لَمْ تَأْتِ نُبُوَّةٌ قَطُّ بِمَشِيئَةِ إِنْسَانٍ، بَلْ تَكَلَّمَ أُنَاسُ اللَّهِ الْقِدِّيسُونَ مَسُوقِينَ مِنَ الرُّوحِ الْقُدُسِ**».

لم يتكلم نبي برسالة حقيقية من **الله** بمبادرة شخصية منه، أو بناءً على فهمه أو فكره أو منطقه، بل

كان مسوقاً (أي مدفوعاً أو محمولاً*) من الروح القدس. الأمر الذي يجعل رسالته أكثر من مجرد رسالة بشرية؛ إنها رسالة الله نفسه.

وبينما ننظر في هذه الأمثلة وغيرها، نستنتج أن جميع رجال العهد القديم الذين خدموا الله خدمة مقبولة وفعالة، إنما خدموه بقوة الروح القدس وبوحيه، لا بأي شيء آخر. وهذا درس لنا بالتأكيد؛ فإن لم يكونوا هم قادرين على خدمة الله من دون الروح القدس، فنحن لا نقدر أيضاً.

※ انظر ترجمات عربية أخرى للكتاب المقدس.

الفصل الثاني

الروح القدس في حياة يسوع

ننظـر الآن في دور الـروح القدس في خدمة وتعليم يسوع نفسه، ونحتاج أولاً أن نعرف أنَّ يوحنا المعمدان (الـذي جـاء ـ بشكل خاص ـ لكي يقدم يسوع ويمهد له الطريـق أمـام خدمته) قد قـدم يسوع بصفتـه « المُعَمِّد بالروح القدس». قال يوحنا:

« أَنَا أُعَمِّدُكُمْ بِمَاءٍ لِلتَّوْبَةِ، وَلَكِنِ الَّذِي يَأْتِي بَعْدِي هُـوَ أَقْوَى مِنِّي، الَّذِي لَسْتُ أَهْلاً أَنْ أَحْمِلَ حِذَاءَهُ. هُوَ سَيُعَمِّدُكُمْ بِالرُّوحِ الْقُدُسِ وَنَارٍ». (متى ٣: ١١).

لاحـظ كيف يتميز يسوع عن كل الذين جاءوا قبله: «... هُوَ سَيُعَمِّدُكُمْ بِالرُّوحِ الْقُدُسِ وَنَارٍ». وقد ذُكرت خدمـة يسوع كمعمد في الـروح القدس في الأناجيل الأربعـة، فالكتـاب المقدس يولي هذه الخدمـة أهمية خاصة.

ونجد أيضاً أنَّ الروح القدس كان المصدر الوحيد للقوة في خدمة يسوع بأكملها، فلم يكرز يسوع ولم يجرِ معجزة واحدة قبل أن يحل الروح القدس عليه في نهر الأردن، حيث اعتمد من يوحنا؛ لقد انتظر يسوع حلول الروح القدس عليه.

في (أعمال ١٠: ٣٨)، يتحدث بطرس إلى المجتمعين في بيت كرنيليوس، ويصف خدمة يسوع قائلاً:

«يَسُوعُ الَّذِي مِنَ النَّاصِرَةِ كَيْفَ مَسَحَهُ اللهُ بِالرُّوحِ الْقُدُسِ وَالْقُوَّةِ، الَّذِي جَالَ يَصْنَعُ خَيْراً وَيَشْفِي جَمِيعَ الْمُتَسَلِّطِ عَلَيْهِمْ إِبْلِيسُ، لأَنَّ اللهَ كَانَ مَعَهُ».

فالروح القدس كان هو مصدر القوة في خدمة يسوع على الأرض. لقد أشرنا سابقاً إلى أن الله أعلن نفسه في ثالوث - ثلاثة أقانيم (أم أشخاص) في إله واحد - الآب والابن والروح القدس. وفي هذا العدد (أعمال ١٠: ٣٨) نرى التكامل في عمل الأقانيم الثلاثة: الله الآب مسح يسوع الابن بالروح القدس. وكان الشفاء

- على المستوى البشري - هو نتيجة ذلك العمل الإلهي المثلث المتكامل:

«... **جَالَ يَصْنَعُ خَيْراً وَيَشْفِي جَمِيعَ الْمُتَسَلِّطِ عَلَيْهِمْ إِبْلِيسُ،...**» هذا هو سر خدمة يسوع ومصدر القوة فيها.

أما الحقيقة المذهلة فهي أن يسوع واصل اعتماده على الروح القدس، حتى بعد قيامته. يقول لوقا في افتتاحية سفر أعمال الرسل:

«**الْكَلاَمُ الأَوَّلُ (أي إنجيل لوقا) أَنْشَأْتُهُ يَا ثَاوُفِيلُسُ عَنْ جَمِيعِ مَا ابْتَدَأَ يَسُوعُ يَفْعَلُهُ وَيُعَلِّمُ بِهِ، إِلَى الْيَوْمِ الَّذِي ارْتَفَعَ فِيهِ، بَعْدَ مَا أَوْصَى بِالرُّوحِ الْقُدُسِ الرُّسُلَ الَّذِينَ اخْتَارَهُمْ**». (أعمال ١: ١-٢).

والعبارة «... **أَوْصَى بِالرُّوحِ الْقُدُسِ...**» تعني «**أعطى بالروح القدس وصايا...**» أنه قدم وصاياه للرسل من خلال الروح القدس. ويتحدث لوقا هنا عن خدمة يسوع خلال الأربعين يوماً التي فصلت القيامة

عن الصعود. ويسوع هو مثالنا في الاعتماد الكُلِّي على الروح القدس؛ لقد اعتمد على الروح القدس في القوة التي عملت في معجزاته وتعاليمه، ولم يفعل شيئاً بمعزل عن الروح القدس. واليوم، نحن أمام ذلك التحدي الذي ميَّز خدمة يسوع، وهو أن نعتمد كلياً على الروح القدس كما فعل هو.

ولم يكتف يسوع بأنه انقاد وتحرك بقوة الروح القدس في خدمته كلها، لكنه وعد تلاميذه أيضاً بقبول الروح القدس نفسه الذي أمده بالقوة والإرشاد والإلهام، حيث نقرأ في (يوحنا ٣٧: ٣٧ - ٣٩):

«وَفِي الْيَوْمِ الأَخِيرِ الْعَظِيمِ مِنَ الْعِيدِ وَقَفَ يَسُوعُ وَنَادَى: «إِنْ عَطِشَ أَحَدٌ فَلْيُقْبِلْ إِلَيَّ وَيَشْرَبْ. مَنْ آمَنَ بِي - كَمَا قَالَ الْكِتَابُ - تَجْرِي مِنْ بَطْنِهِ أَنْهَارُ مَاءٍ حَيٍّ». قَالَ هذَا عَنِ الرُّوحِ الَّذِي كَانَ الْمُؤْمِنُونَ بِهِ مُزْمِعِينَ أَنْ يَقْبَلُوهُ، لأَنَّ الرُّوحَ الْقُدُسَ لَمْ يَكُنْ قَدْ أُعْطِيَ بَعْدُ، لأَنَّ يَسُوعَ لَمْ يَكُنْ قَدْ مُجِّدَ بَعْدُ».

إنها مفارقة رائعة حقاً! ففي البداية نحن أمام رجل عطشان: «إِنْ عَطِشَ أَحَدٌ...» ثم، وبعد مجيء الروح القدس وسكناه، يصبح ذلك العطشان قناة تجري من خلالها «أَنْهَارُ مَاءٍ حَيٍّ». فبعدما كان لا يملك ما يسدُّ به رمقه، اكتفى الآن بالروح القدس، بل وصار مصدراً للعطاء. إذاً، ينبغي أن يكون الـروح القدس هو المصدر اللامحدود الذي لا ينضب في حياة كل مؤمن.

ويتابـع كاتـب الإنجيـل موضحـاً أنَّ الوعـد لن يتم قبل أن يتمجد يسوع، حتى وإن كان يسوع قد قدم ذلك الوعد أثناء خدمته على الأرض، فيوحنا يقول:

«لأَنَّ الـرُّوحَ الْقُدُسَ لَمْ يَكُنْ قَـدْ أُعْطِيَ بَعْدُ، لأَنَّ يَسُوعَ لَمْ يَكُنْ قَدْ مُجِّدَ بَعْدُ».

وفي (يوحنا ١٤: ١٥ ـ ١٨) يقول يسوع لتلاميذه:

«إِنْ كُنْتُمْ تُحِبُّونَنِي فَاحْفَظُوا وَصَايَايَ، وَأَنَا أَطْلُبُ مِنَ الآبِ فَيُعْطِيكُمْ مُعَزِّياً آخَرَ لِيَمْكُثَ مَعَكُمْ إِلَى الأَبَدِ، رُوحُ الْحَقِّ (أحد ألقاب الروح القدس) الَّذِي لاَ يَسْتَطِيعُ

الْعَـــالَمُ أَنْ يَقْبَلَهُ لأَنَّهُ لاَ يَـــرَاهُ وَلاَ يَعْرِفُهُ، وَأَمَّا أَنْتُمْ فَتَعْرِفُونَـــهُ لأَنَّهُ مَاكِثٌ مَعَكُمْ وَيَكُونُ فِيكُمْ. لاَ أَتْرُكُكُمْ يَتَامَى. إِنِّي آتِي إِلَيْكُمْ».

في هذا النص بضعة ملاحظات جديرة بالانتباه:

أولاً: يقول يسوع «... **الآبِ... يُعْطِيكُمْ مُعَزِّياً آخَرَ**». فما الـذي تعنيه الكلمـة «آخر» هنا؟ لقـد مكث شخص الـرب يسوع مـع التلاميذ لمـدة ثلاث سنـوات ونصف؛ وهـو يقول الآن: «أنـا سأترككم بشخصـي، لكن عندما أذهب، يأتي شخص آخر مكاني هو الروح القدس».

ثانيـاً: يستخـدم يسـوع كلمة محـددة يصـف بها الـروح القدس، وقد تُرجمت هـذه الكلمـة إلى «مُعزي» في الترجمـات العربيـة المعروفة (عـدا التفسيرية التي تقرأ «... مُعيناً آخـر...») أمـا الأصل اليونـاني فهو الكلمة «parakletos» وقد نقلت الترجمة الإنجليزية الكاثوليكية هذه الكلمـة إلى «paraclete» محتفظة بالأصل اليونـاني. فمـاذا تعنـي كلمـة «parakletos»؟ إنها تعنـي: «شخص

مدعـو للرفقـة والمعونـة». أمامنـا إذا بضعـة مفاهيم مترابطـة بخصـوص تلـك الكلمة، فهـي تعني «مُعزي - comforter» أو «معـين - Helper» وتتفـق هنـا الترجمات العربيـة والإنجليزية، بينمـا تستخدم ترجمة (NIV New international version) الكلمـة «counsellor» أي «محامي أو مشير».

ثالثاً: يتابع يسوع مؤكداً أنَّ الروح القدس سيمكث مـع التلاميذ إلى الأبد. وهنا أيضـاً مقارنة بين علاقته بتلاميـذه وعلاقة الروح القدس بهـم، فهو يقول: «كنت معكـم مـدة قصيرة هـي ثلاث سنـوات ونصـف، والآن أنـا ذاهب وقلوبكم تنفطر؛ تشعـرون وكأنكم تُركتم بلا معين، لكنني أرسل إليكم معيناً آخر، الروح القدس الذي لن يترككم، بل يمكث معكم إلى الأبد.» ثم يقول:

« لاَ أَتْرُكُكُــمْ يَتَامَى. إِنِّي آتِـــي إِلَيْكُمْ »، فمن دون الروح القدس يكون التلاميذ يتامى، فما من أحد يهتم بهـم أو يعينهم أو يُعَلِّمهم، لكـن الروح القدس يوفر لهم

ذلك كله وأكثر.

ويعـود يسـوع إلى الموضــوع نفسه بعـد ذلك بقليل فيقول (يوحنـا ١٦: ٧):

«لَكِنِّــي أَقُولُ لَكُمُ الْحَقَّ إِنَّهُ خَـيْرٌ لَكُمْ أَنْ أَنْطَلِقَ، لأَنَّــهُ إِنْ لَمْ أَنْطَلِقْ لاَ يَأْتِيكُمُ الْمُعَزِّي. وَلَكِنْ إِنْ ذَهَبْتُ أُرْسِلُهُ إِلَيْكُمْ».

وفي (يوحنا ١٦: ١٢ ـ ١٥)، يعود يسوع ثانية إلى هذا الحديث المهم نفسه: «إِنَّ لِي أُمُوراً كَثِيرَةً أَيْضاً لأَقُولَ لَكُمْ، وَلَكِنْ لاَ تَسْتَطِيعُونَ أَنْ تَحْتَمِلُوا الآنَ. وَأَمَّا مَتَى جَاءَ ذَاكَ رُوحُ الْحَقِّ فَهُـوَ يُرْشِدُكُمْ إِلَى جَمِيعِ الْحَقِّ، لأَنَّــهُ لاَ يَتَكَلَّمُ مِنْ نَفْسِهِ، بَلْ كُلُّ مَا يَسْمَعُ يَتَكَلَّمُ بِهِ، وَيُخْبِرُكُمْ بِأُمُورٍ آتِيَةٍ. ذَاكَ يُمَجِّدُنِي لأَنَّهُ يَأْخُذُ مِمَّا لِي وَيُخْبِرُكُمْ. كُلُّ مَا لِلآبِ هُوَ لِي. لِهَذَا قُلْتُ إِنَّهُ يَأْخُذُ مِمَّا لِي وَيُخْبِرُكُمْ».

ومنـذ أن تحقق هـذا الوعد والـروح القدس هو ممثل اللاهـوت الشخصـي المقيـم على الأرض، وهـو مُعْلِن

الكلمة ومُفَسِّرها، وهو وكيل الآب والابن. يقول يسوع إن الروح القدس «**يَأْخُذُ مِمَّا لي وَيُخْبِرُكُمْ**». لكنه يضيف: «**كُلُّ مَا لِلآبِ هُوَ لي. لِهَذَا قُلْتُ إِنَّهُ يَأْخُذُ مِمَّا لي وَيُخْبِرُكُمْ**»، فالروح القدس يعلن ويفسر ويبرهن كل ما للآب والابن.

الفصل الثالث

ما حدث يوم الخمسين

تذكر أن يوحنا المعمدان قدم يسوع على أنه المُعمِّد بالروح القدس، فكانت هذه صفته المميزة أمام إسرائيل. وتذكر أيضاً أن الروح القدس كان هو مصدر القوة في كل خدمة يسوع وتعليمه؛ لقد اعتمد يسوع كلياً على الروح القدس.

وأخيراً، وعد يسوع تلاميذه بأن يرسل الروح القدس بعد صعوده إلى السماء، لكي يحل محله كممثل شخصي له، ولكي يكون «paraclete» (المعزي، المعين، المحامي) الذي يرافق التلاميذ ويشدُّ من أزرهم.

ونصل الآن إلى تتميم هذا الوعد الذي قدمه يسوع. وندرس - بالتحديد - الناحية الرائعة الجديدة التي تحققت بحلول الروح القدس يوم الخمسين، وككثير من

الوعود الكتابية، لا نرى تحقيق هذا الوعد في حادثة منفردة، بل على مراحل. أولى هذه المراحل تمت فيما نسميه «أحد القيامة»، أحد قيامة الرب يسوع. نقرأ في (يوحنا ٢٠: ١٩ - ٢٢) ما يلي:

« وَلَمَّا كَانَتْ عَشِيَّةُ ذَلِكَ الْيَوْمِ، وَهُوَ أَوَّلُ الأُسْبُوعِ، وَكَانَتِ الأَبْوَابُ مُغَلَّقَةً حَيْثُ كَانَ التّلاَمِيذُ مُجْتَمِعِينَ لِسَبَبِ الْخَوْفِ مِنَ الْيَهُودِ، جَاءَ يَسُوعُ وَوَقَفَ فِي الْوَسَطِ وَقَالَ لَهُمْ: « سلاَمٌ لَكُمْ ». وَلَمَّا قَالَ هَذَا أَرَاهُمْ يَدَيْهِ وَجَنْبَهُ، فَفَرِحَ التّلاَمِيذُ إِذْ رَأَوُا الرَّبَّ. فَقَالَ لَهُمْ يَسُوعُ أَيْضاً: « سلاَمٌ لَكُمْ. كَمَا أَرْسَلَنِي الآبُ أُرْسِلُكُمْ أَنَا ». وَلَمَّا قَالَ هَذَا نَفَخَ وَقَالَ لَهُمُ: « اقْبَلُوا الرُّوحَ الْقُدُسَ ».

ويحمل العدد (٢١) عبارة مهمة، فالكلمة اليونانية «pneuma» التي تعني «روح»، تعني «نفخة» أيضاً أو «ريح». فما عمله يسوع، إذ نفخ عليهم، مرتبط بالكلمات التي قالها والتي يمكن أن نقرأها كما يلي: «... نَفَخَ وقال لهم: «اقبلوا النفخة القدوس»! فالروح

القدس هو نفخة **الله**.

وأعتقد أن هذه المرحلة هي الأدق في مجمل عملية تحقيق وعود الفداء الإلهية، فماذا حدث في تلك اللحظة الحساسة؟:

أولاً: دخل أولئك التلاميذ الأوائل في ما أسميه «خلاص العهد الجديد» لقد أعلن بولس متطلبات الخلاص الأساسية في (رومية ١٠: ٩) فقال:

«**لأَنَّكَ إِنِ اعْتَرَفْتَ بِفَمِكَ بِالرَّبِّ يَسُوعَ، وَآمَنْتَ بِقَلْبِكَ أَنَّ اللهَ أَقَامَهُ مِنَ الأَمْوَاتِ، خَلَصْتَ**».

وكانت حادثة (يوحنا ٢٠: ١٩-٢٢) هي المرة الأولى التي يؤمن التلاميذ فيها بقيامة يسوع من الأموات. وقبل ذلك، لم يكن بمقدورهم الدخول إلى الخلاص كما يقدمه العهد الجديد. لقد اعترفوا في تلك اللحظة بربوبية يسوع، وآمنوا بأن **الله** أقامه من الأموات، فنالوا الخلاص حسب مفهوم العهد الجديد.

ثاني الأشياء التي حدثت في لقاء

(**يوحنا ٢٠: ١٩- ٢٢**)، هو ان التلاميذ اختبروا «الولادة الثانية» ، وصاروا «خليقة جديدة». لقد انتقل كل منهم من الخليقة القديمة إلى الجديدة من خلال نفخة الله. ولكي نفهم ذلك، علينا أن نرجع إلى وصف عملية الخلق الأولى للإنسان في (تكوين ٢: ٧) حيث نقرأ:

«**وَجَبَلَ الرَّبُّ الإِلَهُ آدَمَ تُرَاباً مِنَ الأَرْضِ وَنَفَخَ فِي أَنْفِهِ نَسَمَةَ حَيَاةٍ، فَصَارَ آدَمُ نَفْساً حَيَّةً**».

لقد تم خلق الإنسان لأول مرة من خلال نسمة الحياة الإلهية (الروح القدس) التي دخلت في تلك الهيئة الطينية المُسجاة على الأرض. وقد حَوَّلَتْ النفخة الإلهية تلك الهيئة الطينية إلى نفس حية.

ثم إن تلك الفقرة، التي اقتبسناها من يوحنا، تتحدث عن الخليقة الجديدة التي يصفها بولس في (٢كورنثوس ٥: ١٧):

«إذاً إنْ كَانَ أَحَـــدٌ في الْمَسِيح فَهُوَ خَلِيقَةٌ جَدِيدَةٌ. الأَشْيَـــاءُ الْعَتِيقَةُ قَدْ مَضَـــتْ. هُوَذَا الْـــكُلُّ قَدْ صَارَ جَدِيداً». وهنـاك تـــوازٍ بين الخليقة الأولى والخليقة الجديدة كما سنرى.

في الخليقة الجديدة، يسوع هو الرب المُقام والمخلِّص الـذي هزم الخطية والموت والجحيـم والشيطان، والذي ظهر- بعد ذلك- لتلاميذه ونفخ فيهم نسمة حياة القيامة. كانـت تلك الحياة مـن نوع جديد؛ إنـهـا حياة انتصرت على كل قوات الشر والموت والخطية. وقد انتقل التلاميذ - في ذلـك الاختبـار- من نظام العهد القديم إلى خلاص العهـد الجديد، وإلى خليقة جديدة في المسيح، من خلال نسمة حياة القيامة التي نفخها الرب يسوع.

لكـن من المهم أن نفهـم أن اختبار أحد القيامة ذاك لم يكن هو التحقيـق الكامل لوعد إرسال الروح القدس، فقد قـال يسوع لتلاميذه بعد القيامة:

«وَهَـــا أَنَا أُرْسِـــلُ إِلَيْكُـــمْ مَوْعِدَ أَبِـــي، فَأَقِيمُوا في

مَدِينَةِ أُورُشَلِيمَ إِلَى أَنْ تُلْبَسُوا قُوَّةً مِنَ الأَعَالِي». (لوقا ٢٤: ٤٩).

والأوضح من ذلك ما قاله قبيل صعوده إلى السماء، وبعد أربعين يوماً من أحد القيامة:

«لأَنَّ يُوحَنَّا عَمَّدَ بِالْمَاءِ، وَأَمَّا أَنْتُمْ فَسَتَتَعَمَّدُونَ بِالرُّوحِ الْقُدُسِ لَيْسَ بَعْدَ هَذِهِ الأَيَّامِ بِكَثِيرٍ». (أعمال ١: ٥).

ومن هنا نرى أن أحد القيامة لم يكن هو التتميم الكامل لذلك الوعد. ويُجمع كل اللاهوتيين ومعلمي الكتاب المقدس تقريباً على أن التتميم الكامل كان في يوم الخمسين. ذلك اليوم الذي يصف سفر الأعمال أحداثه كما يلي:

«وَلَمَّا حَضَرَ يَوْمُ الْخَمْسِينَ كَانَ الْجَمِيعُ مَعاً بِنَفْسٍ وَاحِدَةٍ، وَصَارَ بَغْتَةً مِنَ السَّمَاءِ صَوْتٌ كَمَا مِنْ هُبُوبِ رِيحٍ عَاصِفَةٍ وَمَلأَ كُلَّ الْبَيْتِ حَيْثُ كَانُوا جَالِسِينَ، وَظَهَرَتْ لَهُمْ أَلْسِنَةٌ مُنْقَسِمَةٌ كَأَنَّهَا مِنْ نَارٍ

وَاسْتَقَرَّتْ عَلَى كُلِّ وَاحِدٍ مِنْهُمْ. وَامْتَلأَ الْجَمِيعُ مِنَ الرُّوحِ الْقُدُسِ، وَابْتَدَأُوا يَتَكَلَّمُونَ بِأَلْسِنَةٍ أُخْرَى كَمَا أَعْطَاهُمُ الرُّوحُ أَنْ يَنْطِقُوا». (أعمال ٢: ١ـ ٤).

كان يوم الخمسين هو الإظهار الفعلي للوعد، والتتميم الحقيقي له. لقد نزل الروح القدس بنفسه من السماء على هيئة ريح عاصفة، مالئاً كل واحد منهم بمفرده، ومعطياً كل واحد أن ينطق بألسنة فوق الطبيعية، متكلماً بلغات لم يتعلمها من قبل.

ويقدم بطرس، في نهاية هذا الإصحاح من سفر أعمال الرسل تفسيراً لاهوتياً لما حدث فيقول:

«فَيَسُوعُ هَذَا أَقَامَهُ اللهُ، وَنَحْنُ جَمِيعاً شُهُودٌ لِذَلِكَ. وَإِذِ ارْتَفَعَ بِيَمِينِ اللهِ وَأَخَذَ مَوْعِدَ الرُّوحِ الْقُدُسِ مِنَ الآبِ، سَكَبَ هَذَا الَّذِي أَنْتُمُ الآنَ تُبْصِرُونَهُ وَتَسْمَعُونَهُ». (أعمال ٢: ٣٢ ـ ٣٣).

وهنا أيضاً نرى أقانيم اللاهوت الثلاثة: يسوع الابن يقبل الروح القدس من الآب ويسكبه على تلاميذه

المنتظرين في أورشليـم. وهنا يتم الوعد بمجيء الروح القدس. لقد أرسل الآب والابن معـاً الـروح القدس نفسـه لكي يحل علـى التلاميذ المقيمـين في العليَّة في أورشليم.

لاحـظ أن يسوع لم يكن قد قـام من الأموات فحسب، لكنـه كان قـد ارتفـع أيضاً وتمجـد عـن يمـين الآب. تذكـر أيضاً أن يوحنـا أشار إلى استحالـة تتميم الوعد بإرسال الـروح القدس إلا بعد أن يتمجـد يسوع، انظر (يوحنا ٧: ٣٩).

أمامنـا أذاً أحدين مهمـين ورائعـين: أحد القيامة، حيث نـرى المسيح المُقام ونفخة الـروح القدس. وأعلم أن هذيـن الأحدين يمثلان نمطاً ينبغـي أن يختبره كل المؤمنين هذه الأيام.

نلخص الآن ما تتضمنه الأحداث السابقة من أهمية ثابتـة ودائمـة: في يـوم الخمسين جاء الـروح القدس بشخصه إلى الأرض، وهو الآن الممثل الشخصي المُقيم

للاهوت على الأرض. وكأنما هناك قانون إلهي، لا أعرف له تفسيراً، يحدد وجود ممثل شخصي واحد فقط للاهوت يقيم على الأرض، وقد قام الابن (يسوع) بذلك الدور لعدة سنوات. وعندما جاء وقت عودة يسوع إلى السماء، وعد بمجيء أقنوم آخر عوضاً عنه، لكي يمكث معنا إلى الأبد، لا لبضع سنوات فقط. وقد تحقق وعد يسوع هذا في يوم الخمسين، فرجع شخص الابن يسوع إلى الآب في السماء، ثم أرسل الآب والابن معاً شخص الروح القدس لكي يحل محلَّ يسوع.

أين يسكن الروح القدس الآن؟ هناك إجابتان: الأولى هي أن الروح القدس يسكن ويحيا في الكنيسة، والكنيسة هي جسد المسيح المكوَّن من أعضاء كثيرة متعاونة متآلفة هي جماعة المؤمنين. يسأل بولس أهل كورنثوس قائلاً:

«أَمَا تَعْلَمُونَ أَنَّكُمْ هَيْكَلُ اللهِ، وَرُوحُ اللهِ يَسْكُنُ فِيكُمْ؟». (١كورنثوس ٣: ١٦).

هنا يتحدث بولس عن هيكل الروح القدس الموحد والجامع لكل المؤمنين.

أما الإجابة الثانية على السؤال: «**أين يسكن الروح القدس؟**» فنجدها في (١كورنثوس ٦: ١٩)، حيث يقول بولس ما هو أكثر حساسية مما ذكره في (١كورنثوس ٣: ١٦)، فهو يعلن أن الروح القدس لا يسكن في هيكل موحد جامع فحسب، لكن **الله** يريد من جسد كل مؤمن أن يصبح مكاناً لسُكنى الروح القدس.

«**أَمْ لَسْتُمْ تَعْلَمُونَ أَنَّ جَسَدَكُمْ هُوَ هَيْكَلٌ لِلرُّوحِ الْقُدُسِ الَّذِي فِيكُمُ، الَّذِي لَكُمْ مِنَ اللهِ، وَأَنَّكُمْ لَسْتُمْ لأَنْفُسِكُمْ؟**» (١كورنثوس ٦: ١٩).

هذه واحدة من أكثر العبارات التي تحبس الأنفاس في الكتاب المقدس كله! فإن كنا مؤمنين بيسوع المسيح، يريد **الله** لأجسادنا المادية أن تكون مكاناً لسُكنى **الله** الروح القدس.

الفصل الرابع

المعزي الساكن فينا

ما المعنى العملي من أن يكون الروح القدس قد جاء ليكون المعزي «Paraclete» في حياتنا؟ ونبدأ بإلقاء نظرة ثانية على (يوحنـا ١٤:١٦ ـ ١٨)، حيـث يقدم يسوع هذا الوعد المحدد:

«وَأَنَا أَطْلُبُ مِنَ الآبِ فَيُعْطِيكُمْ مُعَزِّياً آخَرَ لِيَمْكُثَ مَعَكُـمْ إِلَى الأَبَدِ، رُوحُ الْحَقِّ الَّذِي لاَ يَسْتَطِيعُ الْعَالَمُ أَنْ يَقْبَلَهُ لأَنَّهُ لاَ يَرَاهُ وَلاَ يَعْرِفُهُ، وَأَمَّا أَنْتُمْ فَتَعْرِفُونَهُ لأَنَّهُ مَاكِثٌ مَعَكُمْ وَيَكُونُ فِيكُمْ. لاَ أَتْرُكُكُمْ يَتَامَى. إِنِّي آتِي إِلَيْكُمْ».

أما الكلمة «المُعزي» فهي من أصل يوناني يعني «من يُدعـى لكي يرافـق ويعين.» «المعزي» هـو من يستطيع أن يعمـل لك، مـا لا تستطيع أن تعملـه أنت لنفسك. (أما

الكلمة التي تستخدمها بعض الترجمات الإنجليزية «paraclete» فقد نُقلت لفظياً من الأصل اليوناني). ونجد في (١يوحنا ٢: ١) كلمة أخرى هي من الأصل اليوناني نفسه:

« يَا أَوْلاَدِي، أَكْتُبُ إِلَيْكُمْ هَذَا لِكَيْ لاَ تُخْطِئُوا. وَإِنْ أَخْطَأَ أَحَدٌ فَلَنَا شَفِيعٌ عِنْدَ الآبِ، يَسُوعُ الْمَسِيحُ الْبَارُّ».

فالكلمة المترجمة «شفيع» هي من الأصل اليوناني الذي تُرجمت منه الكلمة «مُعزي». وتستخدم الترجمات الإنجليزية الكلمة «advocate» في هذا النص، وهي كلمة مشتقة من اللاتينية، ومركبة من «ad» بمعنى (إلى)، و «vocate» بمعنى (مدعو)، وبذلك يكون معناها (المدعو إلى). وتستخدم معظم اللغات المشتقة من اللاتينية الكلمة « advocate» بمعنى «محامي - Lawyer»، فهو الذي يتكلم دفاعاً عنَّا، وجميعنا نعلم دور المحامي في ثقافتنا المعاصرة.

وتُبيّن الكلمة المكتوبة حقيقة جميلة، وهي أن لنا شفيعَيْن (محاميين)، أحدهما على الأرض، وهو الروح القدس الذي يقف بجانبنا ويناصر قضايانا؛ يقول لأجلنا ما نعجز عن قوله ويفسر لنا ما لا نفهمه: والآخر في السماء وهو يسوع شفيعنا (محامينا) الذي يدافع عنا أمام الآب. تأمل في هذه الحقيقة: يقف إلى جانبنا أعظم شفيعين في الوجود (يسوع المسيح ابن الله عن يمين الآب، والروح القدس على الأرض) فهل من احتمال لأن نخسر قضيتنا؟!

فلنتابع ونتوسّع في توضيح كلمات يسوع بخصوص ذلك الشفيع الذي هو المُعزيّ والمحامي والمُعين في حياتنا. وفيما يلي بعض الملاحظات حول ما قاله يسوع في (يوحنا ١٤: ١٦ ـ ١٨) الذي سبق واقتبسناه.

«**وَأَنَا أَطْلُبُ مِنَ الآبِ فَيُعْطِيكُمْ مُعَزِّياً آخَرَ...**» وينبغي هنا أن نفهم أهمية الكلمة «آخر»، إذ أنها تشير إلى شخص. قال يسوع: «أنا شخص، وأنا ماضٍ بعيداً.

وعندما أذهب، يأتي شخص آخر ليكون مُعزيكم. كنت معزيكم طوال مكوثي معكم على الأرض، والآن أنا ماضٍ. لكنني لن أترككم بلا مُعزي، بل يأتي إليكم مُعزٍ آخر.»

«**لِيَمْكُثَ مَعَكُمْ إِلَى الأَبَدِ**». يقصد يسوع أن يقول: «لقد مكثت أنا معكم ثلاث سنوات ونصف وسأترككم الآن، لكن لا تنكسر قلوبكم، فهناك من سيأتي عوضاً عني، ولن يترككم أبداً، بل يمكث معكم إلى الأبد.»

«... **لأَنَّهُ مَاكِثٌ مَعَكُمْ وَيَكُونُ فِيكُمْ**». وشبه الجملة «فيكم» لها أهمية خاصة، فذلك المُعزيِّ، أو الشفيع أو المحامي، سيحيا فينا؛ ستكون أجسادنا عنوان إقامته.

«**لاَ أَتْرُكُكُمْ يَتَامَى**». فلو أَنَّ المسيح قد رحل من دون أن يؤمِّنَ لهم تدبيراً خاصاً (إرسال الروح القدس)، لتُرك التلاميذ كالأيتام بلا وليّ ولا معين ولا مُعلم.

«**إِنِّي آتِي إِلَيْكُمْ**». يعود المسيح إلى تلاميذه في

الروح القدس، وهو أمر بالغ الأهمية. فأثناء وجوده على الأرض بالجسد، كان يسوع يحضر في مكان واحد وفي زمان واحد فقط. كان يستطيع أن يتحدث مع بطرس ويوحنا ومريم المجدلية كلٍّ بمفرده، لكنه لم يكن يستطيع مع ثلاثتهم دفعة واحدة في ثلاثة مواضع مختلفة، لقد كان يسوع محدوداً في الزمان والمكان. والآن، وعندما يعود إلى شعبه في الروح القدس، فإنما يعود حراً من محدودية الزمان والمكان؛ يستطيع أن يتحدث مع طفلٍ محتاجٍ ويكون معه في الصومال، في الوقت الذي يمسح به واعظاً في اليابان، ويكون في مكان ما من غابات أفريقيا يُشَدِّدُ مبشراً أو يشفيه، فهو ليس محدوداً فيما بعد. لقد أتى المسيح غير خاضع لمحدودية الزمان والمكان.

وأريد أن أُسهب قليلاً في موضوع التبادل الذي تم بين شخص الرب يسوع الذي مضى وشخص الروح القدس الذي جاء. يقول يسوع في (يوحنا ١٦: ٥ ـ ٧):

«وَأَمَّا الآنَ فَأَنَا مَاضٍ إِلَى الَّذِي أَرْسَلَنِي، وَلَيْسَ أَحَدٌ مِنْكُمْ يَسْأَلُنِي أَيْنَ تَمْضِي. لَكِنْ لأَنِّي قُلْتُ لَكُمْ هَذَا قَدْ مَلأَ الْحُزْنُ قُلُوبَكُمْ. لَكِنِّي أَقُولُ لَكُمُ الْحَقَّ إِنَّهُ خَيْرٌ لَكُــمْ أَنْ أَنْطَلِقَ، لأَنَّهُ إِنْ لَمْ أَنْطَلِقْ لاَ يَأْتِيكُمُ الْمُعَزِّي. وَلَكِنْ إِنْ ذَهَبْتُ أُرْسِلُهُ إِلَيْكُمْ».

هـذه كلمـات واضحـة تمامـاً، يقول يسـوع: «مادمت معكـم بشخصي علـى الأرض، يبقـى الـروح القدس بشخصـه فـي السماء. لكـن إذا مضيت أنا، أرسل شخصاً آخـر مكاني هو الروح القدس.» إنها مبادلة بين أقانيم اللاهـوت: مكث أقنوم الابن بشخصه علـى الأرض، ثم عـاد إلى السماء متمماً دوره، وجاء أقنوم الروح القدس بشخصـه عوضـاً عنـه لكي يكمـل الخدمة التـي بدأها يسوع.

وقـال يسـوع إنه خيـر لنـا أن ينطلق، مـن الأفضل والأنفـع والأنسب لنـا أن ينطلـق يسوع إلى السماء. إنها حقيقة مذهلـة، فنحن في حال أفضل بوجود يسوع في

السمـاء والروح القدس على الأرض، لا بوجود الروح
القـدس في السمـاء ويسوع علـى الأرض، وقليلون
يدركون ذلك! كثيراً ما يقول المؤمنون: «أتمنى لو عشت
أيـام كان يسوع علـى الأرض». لكـن يسـوع يؤكد أنَّ
الأفضل هـو أن يكون هو في السمـاء والروح القدس على
الأرض، فهذا خيرٌ لنا.

وأنـا أُفسر هـذا في ضـوء اختبار التلاميـذ الأوائل
أنفسهـم. لاحظ ما حدث فوراً بعد حلـول الروح القدس.
فيما يلي ثلاث نتائج فورية:

أولاً: فهـم التلاميذ خطة الله وخدمـة يسوع بطريقة
أفضل جداً مما فهموها أثناء إقامة يسوع على الأرض.
لقـد كانت مداركهم ضيقة وفهمهـم بطيئاً، وما أن حلَّ
الروح القدس حتى نالوا استيعاباً جديداً مختلفاً لخدمة
يسوع ورسالته.

ثانياً: حصل التلاميـذ على جرأة غير عادية. فحتى
بعـد القيامة كان التلاميذ خائفين خلف أبواب موصدة

بسبب الخوف من اليهود، لم يكونوا مستعدين أو راغبين في التبشير وإعلان الحق. وما أن حل الـروح القدس عليهـم حتى تغير ذلك كله، فوقف بطرس بجرأة وإقدام وحـدث اليهـود المجتمعـين في أورشليم بقصـة يسوع كلها، وحَمَّلَهم ذنب صلبه.

ثالثاً: تأيَّدَ التلاميذ بقوة فوق الطبيعية. ففي اللحظة التي حلّ فيها الروح القدس، بدأت المعجزات كما لو أن يسـوع قد عاد إليهم، ذلك أن يسـوع قـال: «عندما يأتي الروح القدس، أنا آتي إليكم فيه، وأكون معكم. لا أترككم يتامى».

الفصل الخامس

إعلان كلمة الله

يعيننا الروح القدس ويُعَزِّينا ويسدُّ احتياجاتنا بأساليب متعددة. وأول الأساليب التي نبحثها، هو إعلان الروح القدس لكلمة الله، فالروح القدس هو مُعلن الكلمة ومُفسِّرها. يقول يسوع لتلاميذه في (يوحنا ١٤: ٢٥ ـ ٢٦):

«بِهَذَا كَلَّمْتُكُمْ وَأَنَا عِنْدَكُمْ. وَأَمَّا الْمُعَزِّي الرُّوحُ الْقُدُسُ الَّذِي سَيُرْسِلُهُ الآبُ بِاسْمِي، فَهُوَ يُعَلِّمُكُمْ كُلَّ شَيْءٍ، وَيُذَكِّرُكُمْ بِكُلِّ مَا قُلْتُهُ لَكُمْ».

تكشف هذه الكلمات دوراً مهماً للروح القدس، فهو يُذكِّر ويعلِّم. لقد ذكَّر الروح القدس التلاميذ بكل ما سبق يسوع وعلمهم إياه. وأفهم من هذا أن ما سجَّله الرسل في العهد الجديد لم يكن خاضعاً لضعف الذاكرة

البشرية، بل كان موحى به من الروح القدس. ربما لم يتذكر التلاميذ بعض الأشياء بدقة، ولكن الروح القدس ذكَّرهم بنفسه بالأشياء التي يحتاجون إلى تذكرها.

لكنَّ الروح القدس لم يهتم بالماضي فحسب، بل بالمستقبل أيضاً. لقد علَّم التلاميذ ما يحتاجون إلى تعلُّمه. وهذا ينطبق علينا اليوم؛ الروح القدس هو معلمنا الحاضر معنا على الأرض. لقد كان يسوع هو المعلم العظيم عندما كان على الأرض، لكنه سلَّم هذه المهمة إلى الروح القدس ممثله الشخصي. كل ما نحتاج إلى معرفته عن كلمة الله، يُعلِّمنا إياه الروح القدس.

وهذا يضع التلاميذ في مصافِّ أنبياء العهد القديم. يكتب بطرس بخصوص الأنبياء قائلاً: «**لِأَنَّهُ لَمْ تَأْتِ نُبُوَّةٌ قَطُّ بِمَشِيئَةِ إِنْسَانٍ، بَلْ تَكَلَّمَ أُنَاسُ اللهِ الْقِدِّيسُونَ مَسُوقِينَ مِنَ الرُّوحِ الْقُدُسِ**». (٢ بطرس ١ :٢١).

لقد كان الروح القدس هو مصدر سلطان أنبياء العهد القديم ومرجع دقتهم؛ كان مسئولاً عمَّا يقولون عندما

يحلُّ عليهم؛ لقد ساقهم، حملهم، وأوحى إليهم. وهذا ينطبق على كتابات العهد الجديد، حيث أكد يسوع أنَّ الروح القدس سيذكِّر التلاميذ بكل ما قاله، وسيعلمهم كل ما يحتاجون إليه أيضاً. الروح القدس هو المؤلف الحقيقي للكلمة المكتوبة بعهديها القديم والجديد. الأمر الذي يؤكده بولس بوضوح في (٢تيموثاوس ٣: ١٦):

«كُلُّ الْكِتَابِ هُوَ مُوحىً بِهِ مِنَ اللهِ، وَنَافِعٌ لِلتَّعْلِيمِ وَالتَّوْبِيخِ، لِلتَّقْوِيمِ وَالتَّأْدِيبِ الَّذِي فِي الْبِرِّ».

والعبارة «مُوحَى بِه» تتضمن نشاط الروح القدس، وتأتي العبارة «مُوحىً بِهِ مِنَ **الله**» بالصيغة «God - breathed - نفخ به **الله**» كما نرى في (NIV New international version) مما يذكرنا بأن روح **الله** ونفخة **الله** أو نسمته هما شيء واحد. فالروح القدس إذاً نفخ الكلمة المكتوبة من خلال قنوات بشرية، فنتج بذلك كل الكتاب.

الروح القدس هو مؤلف الكلمة المكتوبة، وهو الذي

يعلمنا هذه الكلمة شخصياً، فيالها من نعمة إلهية تبعث الفرح في قلوبنا! وهكذا فإن مؤلف الكلمة هو مفسرها أيضاً. من يستطيع تفسير كتابٍ ما بطريقة أفضل من مؤلفه؟ لقد ألفت أكثر من عشرين كتاباً بنفسي، وسمعت آخرين يفسرونها ويشرحونها، وكانوا يحسنون ذلك في الغالب، لكنني كنت أرى دائماً أنهم يخطئون في فهم فكرةٍ ما أو يفوتون أمراً ما. أمَّا فيما يتعلق بالكتاب المقدس، فالروح القدس (المؤلف والمُفسِّر) لا يخطئ أبداً ولا يفوته أمر، فإن أصغينا إليه وقبلنا ما يقدمه لنا، نفهم تماماً معنى الكلمة المكتوبة.

لقد كان إعلان كلمة **الله** نتيجة فورية في يوم الخمسين، فعندما حل الروح القدس، قال الجمع غير مؤمنين: «إنهم سكارى»! لكن بطرس وقف وقال:

«لأَنَّ هَؤُلاَءِ لَيْسُوا سُكَارَى كَمَا أَنْتُمْ تَظُنُّونَ لأَنَّهَا السَّاعَةُ الثَّالِثَةُ مِنَ النَّهَارِ. بَلْ هَذَا مَا قِيلَ بِيُوئِيلَ النَّبِيِّ:...» (أعمال ٢: ١٥-١٦).

لم يكن بطرس يفهم نبوة يوئيل حتى تلك الساعة، بل أن فهمه كان محدوداً أيضاً فيما يخص تعاليم يسوع. لكن، ولمَّا حلَّ الروح القدس، حصل بطرس على فهم خاص للكلمة وبطريقة جديدة كلياً، ذلك أنَّ المؤلف (الروح القدس) جاء لكي يُفسر.

وهذا يشبه ما حدث مع الرسول بولس. كان بولس يضطهد الكنيسة ويرفض ما أعلنه يسوع عن نفسه، وفي (أعمال ٩: ١٧) نقرأ:

«**فَمَضَى حَنَانِيَّا وَدَخَلَ الْبَيْتَ** (حيث كان بولس) **وَوَضَعَ عَلَيْهِ يَدَيْهِ وَقَالَ:** «**أَيُّهَا الأَخُ شَاوُلُ** (بولس فيما بعد)، **قَدْ أَرْسَلَنِي الرَّبُّ يَسُوعُ الَّذِي ظَهَرَ لَكَ فِي الطَّرِيقِ الَّذِي جِئْتَ فِيهِ لِكَيْ تُبْصِرَ وَتَمْتَلِئَ مِنَ الرُّوحِ الْقُدُسِ**».

ونرى بعد ذلك أنَّ بولس بدأ يكرز في المجامع بالمسيح معلناً أنه ابن الله، انظر (ع ٢٠)، وهو ما كان ينكره قبل ذلك. لكن ما أن حلّ الروح القدس، حتى

تمتع بولس بفهم جديد مختلف تماماً، فكأنما انتقل من الظلمة إلى النور. ولم يحدث ذلك بالتدريج، بل كان تغييراً لحظياً لأنَّ الروح القدس ـ معلم الكلمة ومؤلفها ـ سكن في بولس.

عندما نتحدث عن الروح القدس باعتباره مُعلن كلمة **الله** ومفسِّرها، ينبغي أن نتذكّر أَنَّ كلمة **الله** ليست هي الكتاب المقدس فقط، فيسوع نفسه دُعي «كلمة **الله**» في (يوحنا ١: ١) حيث نقرأ:

«**فِي الْبَدْءِ كَانَ الْكَلِمَةُ، وَالْكَلِمَةُ كَانَ عِنْدَ اللَّهِ، وَكَانَ الْكَلِمَةُ اللَّهَ**».

ثلاث مرات يطلق هذا العدد اسم «الكلمة» على يسوع، وفي (يوحنا ١: ١٤):

«**وَالْكَلِمَةُ صَارَ جَسَداً وَحَلَّ بَيْنَنَا، وَرَأَيْنَا مَجْدَهُ، مَجْداً كَمَا لِوَحِيدٍ مِنَ الآبِ، مَمْلُوءاً نِعْمَةً وَحَقّاً**».

فالكتاب المقدس هو كلمة **الله** المكتوبة، ويسوع هو كلمة **الله** الشخصي. وأروع ما في الأمر أن بينهما

اتفاق تام.

ولا يُعلن الروح القدس أو يفسر كلمة الله المكتوبة فحسب، لكنه يعلن ويفسر الكلمة الشخصي (يسوع) أيضاً. انظر ما يقوله يسوع عن الروح القدس:

«إِنَّ لي أُمُوراً كَثِيرَةً أَيْضاً لأَقُولَ لَكُمْ، وَلَكِنْ لاَ تَسْتَطِيعُونَ أَنْ تَحْتَمِلُوا الآنَ. وَأَمَّا مَتَى جَاءَ ذَاكَ رُوحُ الْحَقِّ فَهُوَ يُرْشِدُكُمْ إِلَى جَمِيعِ الْحَقِّ، لأَنَّهُ لاَ يَتَكَلَّمُ مِنْ نَفْسِهِ، بَلْ كُلُّ مَا يَسْمَعُ يَتَكَلَّمُ بِهِ، وَيُخْبِرُكُمْ بِأُمُورٍ آتِيَةٍ. ذَاكَ يُمَجِّدُنِي لأَنَّهُ يَأْخُذُ مِمَّا لِي وَيُخْبِرُكُمْ. كُلُّ مَا لِلآبِ هُوَ لِي. لِهَذَا قُلْتُ إِنَّهُ يَأْخُذُ مِمَّا لِي وَيُخْبِرُكُمْ». (يوحنا ١٦ : ١٢ ـ ١٥).

يبيّنُ يسوع في هذا النص (ع ١٢) أنه لم يحاول أن يقول كل شيء، ذلك لأنه كان يثق بالروح القدس، ويعرف أنه سيأتي. ثم شرح يسوع ما سيفعله الروح القدس عندما يأتي:

يأخذ الروح القدس مما ليسوع (أي الأمور الخاصة

بيسوع) ويخبرنا؛ إنه يُمجّد يسوع أمامنا؛ يعلنه بمجده الكُلِّي. ويكشف لنا الروح القدس كل ما يتعلق بيسوع من كل ناحية: طبيعته، شخصيته، وخدمته.

والجدير بالملاحظة أنَّ التلاميذ الذين قبلوا الروح القدس يوم الخمسين، لم تَعُدْ تراودهم أيه شكوك بخصوص مكان يسوع؛ لقد عرفوا أنه ممجّدٌ عن يمين الآب. لقد أعلن الروح القدس مجد يسوع للتلاميذ؛ لقد أعلن الروح القدس مجد يسوع للتلاميذ؛ لقد أخذ مما ليسوع (من الكلمة المخزونة في ذاكرتهم، ومن المعرفة التي حصلوا عليها باحتكاكهم بيسوع)، وأعلن ما أخذه للتلاميذ.

يعلن الروحُ القدسُ يسوعَ ويمجّده، وهو القائم على كل غنى وثروة الآب والابن، لأن الآب أعطى كل شيء للابن، والابن بدوره وضع كل شيء بين يدي الروح القدس، فلا عجب أننا لسنا يتامى عندما يكون الروح القدس وصياً علينا وفي متناوله كل ثروة الله وغناه!.

الفصل السادس

الارتفاع إلى مستوى فوق الطبيعي

النتيجة الرئيسية الثانية لمجيء الروح القدس هي ارتفاعنا إلى مستوى فوق طبيعي في الحياة. وفي الرسالة إلى العبرانيين عددان مهمان بخصوص وضع المؤمنين حسب مفهوم العهد الجديد:

«... الَّذِينَ اسْتُنِيرُوا مَرَّةً، وَذَاقُوا الْمَوْهِبَةَ السَّمَاوِيَّةَ وَصَارُوا شُرَكَاءَ الرُّوحِ الْقُدُسِ، وَذَاقُوا كَلِمَةَ اللهِ الصَّالِحَةَ وَقُوَّاتِ الدَّهْرِ الآتِي..» (عبرانيين ٦: ٤ـ ٥).

ونلاحظ خمسة أمور بخصوص مؤمني العهد الجديد:

أولاً: «اسْتُنِيرُوا»

ثانياً: «ذَاقُوا الْمَوْهِبَةَ السَّمَاوِيَّةَ». أو «العطية

السماوية » والتي أعتقد أنها عطية الحياة الأبدية في يسوع.

ثالثاً: « **صَارُوا شُرَكَاءَ الرُّوحِ الْقُدُسِ** ».

رابعاً: « **ذَاقُوا كَلِمَةَ اللهِ الصَّالِحَةَ** ». أي أن كلمة الله صارت حية وحقيقية بالنسبة إليهم.

خامساً: (ذاقوا) « **قُوَّاتِ الدَّهْرِ الآتِي** ».

يؤمن جميع المسيحيين الحقيقيين بأننا سنختلف كلياً في حياة الدهر الآتي؛ سنتحرر من كثير من الحدود التي يفرضها الجسد المادي، إذ سنتمتع بجسد مختلف وحياة ومختلفة. لكن الكثيرين لا يدركون أننا نستطيع الآن، من خلال الروح القدس، أن نذوق شيئاً من حياة الدهر الآتي؛ نستطيع أن نذوق « **قُوَّاتِ الدَّهْرِ الآتِي** ». نعم، أن نذوقها فقط، لا أن نمتلكها في ملئها، لكننا ندرك الآن شيئاً قليلاً من نوعية تلك الحياة الآتية.

ويستخدم بولس في (أفسس ١: ١٣-١٤) كلمة مهمة

تتعلق بموضوعنا، فيكتب إلى المؤمنين في أفسس قائلاً:

«**الَّذِي فِيهِ أَيْضاً أَنْتُمْ** (أي في المسيح)، **إِذْ سَمِعْتُمْ كَلِمَةَ الْحَقِّ، إِنْجِيلَ خَلاَصِكُمْ، الَّذِي فِيهِ أَيْضاً إِذْ آمَنْتُمْ خُتِمْتُمْ بِرُوحِ الْمَوْعِدِ الْقُدُّوسِ، الَّذِي هُوَ عَرْبُونُ مِيرَاثِنَا، لِفِدَاءِ الْمُقْتَنَى، لِمَدْحِ مَجْدِهِ.**».

الكلمة «عربون» كلمة مذهلة! الروح القدس هو عربون **الله** فينا الآن ضمانةً للدهر الآتي. لقد أجريت دراسة على هذه الكلمة، فهي في اليونانية «arrabon» والتي هي كلمة عبرية أصلاً.

منذ سنوات عديدة، ربما عام ١٩٤٦، وبينما كنت أعيش في القدس، كانت لي هذه التجربة المثيرة، والتي وضحت لي معنى الكلمة « arrabon - عربون» بصورة جميلة: ذهبنا أنا وزوجتي الأولى إلى القدس القديمة لشراء بعض القماش لستائر بيتنا الجديد. وجدنا ما نريد، ولنقل أن ثمن المتر كان حوالي دولاراً واحداً،

فطلبنا من البائع أربعين متراً ثمنها أربعون دولاراً.

قلت للبائع: «حسناً، لكنني لا أحمل المبلغ الآن؛ هذه عشرة دولارات كعربون، وهذا يجعل القماش ملكي، فضعه جانباً، إذ ليس لك أن تبيعه لغيري إلى أن أعود وأدفع الباقي وآخذ القماش.» هذا هو معنى الكلمة «arrabon».

الروح القدس هو عربون الرب فينا؛ يقدم لنا الرب الآن دُفعة أولى من حياة الدهر الآتي بالروح القدس. عندما نأخذ الدُفعة الأولى، نكون مثل ذلك القماش؛ نفرز جانباً، ولا يمكن أن نباع لغير الرب. إنها ضمانة مجيئه الثاني، متمماً بقية العطية، ومُنهياً عملية الشراء. لذلك يقول بولس إننا نُختم بالروح القدس «**الذي هو عربون ميراثنا، لفداء المقتني...**» أو «**... وهو عربون ميراثنا، إلى أن يفتدي الله خاصته...**» (الترجمة العربية الجديدة، المشتركة). نحن ننتمي إلى الله منذ الآن، لكننا أخذنا الدفعة الأولى فقط، أما الباقي

فسيأتي في حينه.

الـروح القدس هو الدُفعة الأولى مـن الحياة مـع الله، هذه الحيـاة التي نتمتع بملئها في الدهـر الآتي. وتمتد هذه الحياة فوق الطبيعية إلى كل جوانب حياتنا.

فيمـا يلـي أود أن أقتبـس فقرة مـن كتابـي «أهداف يوم الخمسين»* الـذي يؤكد هذه الحقيقة. قلت في ذلك الكتاب:

«إذا درسنـا العهـد الجديد بذهن مفتـوح، لا نستطيع إلا أن نعترف بـأن الصبغة فوق الطبيعية كانت تتخلل مجمل حيـاة وتجربـة المؤمنين الأوائـل. ولم يكن ذلك مجرد إضافة، بل جزءاً جوهرياً يكمِّلُ حياتهم كمؤمنين. لقد كانوا ينقـادون بطريقة فـوق طبيعيـة؛ ويمتلئون بالقـوة بطريقـة فـوق طبيعيـة، ويتمتعـون بالحماية بطريقـة فوق طبيعية. فقط انزع الصبغة فوق الطبيعية

---

* أهداف يوم الخمسين: وهو الجزء الرابع من كتاب ديريك برنس المترجم تحت عنوان «أسس الإيمان»، ويأتي المقطع المقتبس في الفصل الثلاثين من الكتاب.

من سفر أعمال الرسل لتحصل على شيء لا معنى له ولا ترابط فيه. فمنذ حلول الروح القدس في الأصحاح الثاني من سفر أعمال الرسل يستحيل أن تجد إصحاحاً واحداً لا تلعب الصبغة الفوق طبيعية دوراً مهماً فيه.

ونقرأ في معرض الحديث عن خدمة بولس في أفسس تعبيراً ملفتاً للنظر ومثيراً للتفكير:

«**وَكَانَ اللهُ يَصْنَعُ عَلَى يَدَيْ بُولُسَ قُوَّاتٍ غَيْرَ الْمُعْتَادَةِ**». (أعمال ١٩: ١١) ويمكن ترجمة الأصل اليوناني للعبارة «**غَيْرَ الْمُعْتَادَةِ**» بحرية أكثر لتعني «قوات ليست من النوع المعتاد الذي يحدث كل يوم.»، فالمعجزات كانت أمراً معتاداً ويومياً في الكنيسة الأولى حتى أن وجودها لم يَعُد يثير الاستغراب. أما المعجزات التي حدثت بسبب خدمة بولس في أفسس فقد كانت مختلفة، حتى أن الكنيسة الأولى وجدتها مستحقة لتوثيق خاص، فهل نجد في كنائس اليوم مناسبة تستدعي استخدام العبارة «قوات

ليست من النوع المعتاد الذي يحدث كل يوم»؟، بل كم عدد الكنائس التي تجري فيها قوات أصلاً ـ بغض النظر عن (كل يوم)؟!

ومن النواحي التي ظهرت فيها الصبغة فوق الطبيعية بشكل خاص في حياة المؤمنين الأوائل، تلك الناحية التي تتعلق بقيادة الروح القدس وتوجيهه لهم. في (أعمال الرسل ١٦) نقرأ عن بولس ورفاقه في رحلتهم التبشيرية الثانية. كانوا قد وصلوا إلى ما نسميه اليوم آسيا الصغرى ويقول الكتاب:

«وَبَعْدَ مَا اجْتَازُوا فِي فِرِيجِيَّةَ وَكُورَةِ غَلاَطِيَّةَ مَنَعَهُمُ الرُّوحُ الْقُدُسُ أَنْ يَتَكَلَّمُوا بِالْكَلِمَةِ فِي أَسِيَّا. فَلَمَّا أَتَوْا إِلَى مِيسِيَّا حَاوَلُوا أَنْ يَذْهَبُوا إِلَى بِثِينِيَّةَ فَلَمْ يَدَعْهُمُ الرُّوحُ». (أعمال ١٦: ٦ ـ ٧).

لقد حاولوا الاتجاه غرباً فمنعهم الروح، وحاولوا الشمال الشرقي فقال الروح القدس: «لا». ويتابع (أعمال ١٦: ٨ ـ ١٠) القصة قائلاً:

«فَمَرُّوا عَلَى مِيسِيَّا وَانْحَدَرُوا إِلَى تَرُوَاسَ. وَظَهَرَتْ لِبُولُسَ رُؤْيَا فِي اللَّيْلِ: رَجُلٌ مَكِدُونِيٌّ قَائِمٌ يَطْلُبُ إِلَيْهِ وَيَقُولُ: «اعْبُرْ إِلَى مَكِدُونِيَّةَ وَأَعِنَّا!». فَلَمَّا رَأَى الرُّؤْيَا لِلْوَقْتِ طَلَبْنَا أَنْ نَخْرُجَ إِلَى مَكِدُونِيَّةَ مُتَحَقِّقِينَ أَنَّ الرَّبَّ قَدْ دَعَانَا لِنُبَشِّرَهُمْ (أي لنبشر المكدونيين)».

في حادثة ذات مدلول هام، وهي مثال لنا على تدخل الروح القدس وسيطرته على الأمور بصورة فوق طبيعية. كان من الطبيعي لهم - وبناءً على موقعهم الجغرافي - أن يتجهوا إلى الغرب حيث آسيا، أو إلى الشمال الشرقي حيث بثينية. ولم يكن من الطبيعي أن يتجاوزوا آسيا وبثينية إلى الشمال الغربي، ثم يعبروا إلى القارة الأوروبية.

لكن إذا نظرنا إلى مراحل تاريخ الكنيسة، نجد أن القارة الأوروبية لعبت دوراً فريداً يمكن تتبعه على نطاقين:

أولاً : حفظ الإنجيل عبر العصور المظلمة.

ثانيـــاً: إن أوروبا هي القارة الرئيسية التي اهتمت بنشر كلمة **الله** في الأمم الأخرى من خلال العمل الإرسالي، وذلك لفترة طويلة من الزمن.

كان **لله** إذاً هدف سامٍ يتضمن عدة قرون آتية، ولم يكن ممكناً لبولس ورفاقه أن يكتشفوا ذلك بمنطقهم الطبيعي، لكنهم ساروا تماماً حسب مخطط **الله** بفضل توجيهات الروح القدس فوق الطبيعية في حياتهم.

هذا مثال واحد فقط من أمثلة كثيرة تبيّنُ تدخلات الروح القدس فوق الطبيعية في حياة المؤمنين الأوائل.

الفصل السابع

العون في الصلاة

الطريقة الثالثة التي يعيننا بها الروح القدس تتعلق بالصلاة، وهو جانب فائق الأهمية. في (رومية ٨: ١٤) يصف بولس حاجتنا إلى قيادة الروح القدس من أجل التمتع بحياة روحية صحيحة: « **لأَنَّ كُلَّ الَّذِينَ يَنْقَادُونَ بِرُوحِ اللهِ فَأُولَئِكَ هُمْ أَبْنَاءُ اللهِ** ».

فلكي تكون مسيحياً مؤمناً، ينبغي أن تولد من روح **الله**، ولكي تعيش كمسيحي مؤمن، وتتقدم إلى النضوج بعد الولادة من الروح، ينبغي أن تنقاد بروح **الله** دائماً. ويستخدم بولس صيغة المضارع المستمر إذ يقول:

« **لأَنَّ كُلَّ الَّذِينَ يَنْقَادُونَ** (باستمرار) **بِرُوحِ اللهِ فَأُولَئِكَ هُمْ أَبْنَاءُ اللهِ** ». فلا أطفال بعد ذلك، بل أبناء وبنات ناضجين.

ويطبّق بولس مبدأ القيادة بالروح القدس على حياة الصلاة بشكل خاص، ففي الإصحاح نفسه من رسالة رومية، يؤكد بولس على ضرورة قيادة الروح القدس من أجل الصلاة الفعالة، فيقول:

« **وَكَذَلِكَ الرُّوحُ أَيْضاً يُعِينُ ضَعَفَاتِنَا، لأَنَّنَا لَسْنَا نَعْلَمُ مَا نُصَلِّي لأَجْلِهِ كَمَا يَنْبَغِي. وَلَكِنَّ الرُّوحَ نَفْسَهُ** (لاحظ التشديد على شخصية الروح القدس بالذات) **يَشْفَعُ فِينَا بِأَنَّاتٍ لاَ يُنْطَقُ بِهَا. وَلَكِنَّ الَّذِي يَفْحَصُ الْقُلُوبَ يَعْلَمُ مَا هُوَ اهْتِمَامُ الرُّوحِ، لأَنَّهُ بِحَسَبِ مَشِيئَةِ اللهِ يَشْفَعُ فِي الْقِدِّيسِينَ** ».

(رومية ٨: ٢٦ـ ٢٧).

يتحدث بولس هنا عن ضعف نُعاني منه جميعاً، ليس هو ضعف الجسد المادي، بل ضعف الذهن والفهم؛ فنحن «لَسْنَا نَعْلَمُ « ما نصلي لأجله، و « **لَسْنَا نَعْلَمُ** » كيف نصلي.

كنت أتحدى الجموع في الكنائس والمؤتمرات بالطلب

التالي: « من منكم يعرف دائماً ما يصلي وكيف يصلي، فليرفع يده، ولم يجرؤ أحد أبداً على رفع يده. أعتقد أننا جميعاً أمناء إلى الحد الذي نُقر فيه بعجزنا المتكرر عن معرفة ما نصلي لأجله عندما نرغب بالصلاة. ويسمي بولس ذلك العجز «ضعفاتنا»، لكنه يكشف لنا بأن الله قد أرسل الروح القدس لكي يعيننا في مواجهة تلك الضعفات، فيعرفنا كيف نصلي وما نصلي لأجله. وهكذا فإن كلمات بولس هذه تُبَيّنُ ـ بشكلٍ ما ـ أن الروح القدس يتحرك فينا ويبعث الصلاة من خلالنا.

إنَّ مفتاح الصلاة الفعالة هو تعلم الخضوع للروح القدس وكيفية الارتباط المباشر به، ثم نستطيع أن نفسح له المجال لكي يقودنا ويوجهنا ويلهمنا ويقوينا و ـ أحياناً كثيرة ـ يصلي بالفعل من خلالنا.

ويعلن العهد الجديد عدة طرائق يعمل بها الروح القدس على مواجهة هذه المشكلة، فيما يلي بعضها، الطريقة الأولى نجدها في في تلك الأعداد من

(رومية ٨: ٢٦ ـ ٢٧). يقول بولس:

« ... **الـــرُّوحَ نَفْسَـــهُ يَشْفَعُ فِينَا بِأَنَّـــاتٍ لاَ يُنْطَقُ بِهَـــا**». إنهـــا « الشفاعـــة ـ Intercession» وهـــي مـــن أهـــم جوانـــب الحيـــاة الروحيـــة. ثـــم يتحـــدث بولس عن «بِأَنَّاتٍ لاَ يُنْطَقُ بِهَا». فأذهننا المحدودة لا تجد الكلمات الكافية والمناسبة للصلاة المطلوبة. لذلك، يأتي الروح القدس ويساعدنا بأن يصلي من خلالنا بأناتٍ لا يمكن التعبير عنها بالكلمات.

إنه اختبار مقدس ومهيب جداً؛ إنه المخاض الروحي الـذي يقـود إلى ولادة روحيـة. يقول سفـر إشعياء بهذا الصدد:

« ... **مَخَضَتْ صِهْيَوْنُ بَلْ وَلَدَتْ بَنِيهَا**».

(إشعياء ٦٦: ٨).

لا يمكـن لعمليـة ولادة المؤمنـين الجـدد أن تتم في الكنيسـة، إلا أن يسبقهـا المخاضـ الروحـي بالصلاة فعندما مخضت صهيون، ولدت بنيها.

ويؤكد بولس هذه الحقيقة في (غلاطية ٤: ١٩):

«يَا أَوْلاَدِي، الَّذِينَ أَتَمَخَّضُ بِكُمْ أَيْضاً إِلَى أَنْ يَتَصَوَّرَ الْمَسِيحُ فِيكُمْ».

لقد بشر بولس أولئك الناس وقد تغيروا بالفعل، لكن بولس يعلن هنا أن قيادتهم إلى حياة النضوج يتطلب أكثر من التبشير؛ إنه يتطلب الصلاة الشفاعية التي يصفها بـ «التمخض» أو أنات لا ينطق بها.

الطريقة الثانية التي يعيننا بها الروح القدس على الصلاة هي أنه ينير أذهاننا. وهو لا يصلي من خلالنا في هذه الطريقة، لكنه يكشف لأذهاننا ما نصلي لأجله وكيف نصلي كما ينبغي. في الرسائل مقطعان يتحدثان عن عمل الروح القدس في أذهاننا. ففي (رومية ١٢: ٢) نقرأ:

«وَلاَ تُشَاكِلُوا هَذَا الدَّهْرَ، بَلْ تَغَيَّرُوا عَنْ شَكْلِكُمْ بِتَجْدِيدِ أَذْهَانِكُمْ، لِتَخْتَبِرُوا مَا هِيَ إِرَادَةُ اللهِ الصَّالِحَةُ الْمَرْضِيَّةُ الْكَامِلَةُ».

فالذهن المجدد فقط يستطيع اكتشاف إرادة الله، حتى عندما يتعلق الأمر بالصلاة. ونقرأ في (أفسس ٤: ٢٣):

«...وَتَتَجَدَّدُوا بِرُوحِ ذِهْنِكُمْ...»، فتجديد الذهن هو عمل الروح القدس. وعندما يتحرك الروح القدس فينا ويجدد أذهاننا، نبدأ بفهم إرادة الله، ونعرف كيف نصلي بحسب إرادة الله. وهكذا يعيننا الروح القدس بأن يجدد أذهاننا وينيرها، فيكشف لنا كيفية الصلاة.

أما الطريقة الثالثة فهي أن يضع الروح القدس الكلمات المناسبة في أفواهنا، ويكون ذلك بطريقة غير متوقعة غالباً. ويذكرني هذا الموضوع دائماً بحادثة حدثت معي أنا وزوجتي الأولى. كنا في الدانمارك (بلد زوجتي الأصلي) في نهاية شهر تشرين أول (أكتوبر)؛ وكنا نستعد للسفر إلى بريطانيا في اليوم التالي، لقضاء شهر تشرين ثاني (نوفمبر) هناك. ولأنني بريطاني، كنت أعرف أن شهر نوفمبر بارد جداً في بريطانيا، بالإضافة إلى كثافة الضباب في ذلك الشهر. وبينما كنا نصلي

قبـل سفرنا بيوم، سمعت «ليديـا» تقول: «أعطنا يا رب
طقسـاً جميـلاً طوال فـترة مكوثنـا في بريطانيا!» وقد
أدهشتني كلمـاتها جداً.

سـألتها فيما بعد إن كانت تتذكر ما صلت من أجله،
فأجابت بـالنفـي قـائلـةً: «لا، لا أتذكر!» وكان ذلك دليلاً
دامغـاً بالنسبة لي على أن ما حدث كان تدخلاً من الروح
القدس. قلت لهـا: «لقد صليت من أجل طقس جميل خلال
فترة إقامتنا في بريطانيا في تشرين الثاني.» فما زادت
علـى أن هزت كتفيها لا تعرف تفسـيراً. ماذا حدث بعد
ذلك؟ مضى شهر تشرين الثاني ونحن في بريطانيا، ولم
نـرَ يومـاً واحداً من أيـام الـبرد القارس والشتاء القاسي
طـوال ذلك الشهـر! فكأنمـا نحـن في أحد شهـور الربيع
الرائعة.

عندما غادرنا في نهايـة نوفمبر، قلت لأولئك الذين
ودعونـا في المطـار: «كونوا حذريـن! فالطقس سيتغير
عندمـا نسافـر!» وقـد تغـير بالفعل! لقد وضـع الروح

القدس تلك الصلاة على فم «ليديا»، فهي الصلاة التي كان يريد لها أن تُصَلّيها في ذلك الوقت.

الطريقة الرابعة التي يعيننا بها الروح القدس على الصلاة ذُكرت في الكتاب المقدس عدة مرات، وهي أن الروح يعطينا أن ننطق بلغات لم نتعلمها؛ لغات لا يعرفها الذهن الطبيعي. ويعتبر بعض المؤمنين هذه الألسنة لغات الصلاة. يقول بولس في (١كورنثوس ١٤: ٢):

« لأَنَّ مَنْ يَتَكَلَّمُ بِلِسَانٍ لاَ يُكَلِّمُ النَّاسَ بَلِ اللهَ، لأَنْ لَيْسَ أَحَدٌ يَسْمَعُ. وَلَكِنَّهُ بِالرُّوحِ يَتَكَلَّمُ بِأَسْرَارٍ».

وفي العدد الرابع من الإصحاح نفسه:

« مَنْ يَتَكَلَّمُ بِلِسَانٍ يَبْنِي نَفْسَهُ...».

والصلاة بهذه الطريقة تؤدي ثلاث وظائف رئيسية هي:

أولاً: عندما نصلي بألسنة، فنحن لا نكلم الناس بل الله. وهذا - بالنسبة لي - امتياز هائل بحد ذاته.

ثانياً: نحن نتكلم بأشياء لا تفهمها أذهاننا، ذلك لأننا نتكلم بأسرار ونتشارك مع **الله** في أسراره!

ثالثاً: بينما نمارس هذا الامتياز، نبني أنفسنا، بالإضافة إلى ما يقوله بولس في (١كورنثوس ١٤: ١٤):

«**لأَنَّهُ إِنْ كُنْتُ أُصَلِّي بِلِسَانٍ فَرُوحِي تُصَلِّي وَأَمَّا ذِهْنِي فَهُوَ بِلاَ ثَمَرٍ**».

فالروح القدس لا يعمل على إنارة الذهن في هذه الحالة، لكنه - ببساطة - يعطينا لغة جديدة، ويصلي بهذه اللغة من خلالنا. وعلينا ألاَّ نركز على نمط واحد من الصلاة على حساب الآخر، إذ يقول بولس بوضوح: «... **أُصَلِّي بِالرُّوحِ وَأُصَلِّي بِالذِّهْنِ أَيْضاً**». (ع ١٥). فكلا الطريقتين ممكن.

عندما نسمح للروح القدس بأن يسكن فينا، ونخضع له، ونعطيه المجال لكي يعمل حسب كلمة **الله**، نحظى بغنى مذهل، وتنوع كبير في حياة الصلاة، وهذه هي إرادة **الله** لكل واحدٍ منا.

الفصل الثامن

حياة وصحة لأجسادنا

الوظيفة الرابعة للروح القدس (المُعزي) هي أن يمنحنا حياة وصحة فائقتين في أجسادنا الطبيعية. أعلن يسوع أنه جاء لكي يعطينا حياة في (يوحنا ١٠: ١٠):

«اَلسَّارِقُ لاَ يَأْتِي إِلاَّ لِيَسْرِقَ وَيَذْبَحَ وَيُهْلِكَ، وَأَمَّا أَنَا فَقَدْ أَتَيْتُ لِتَكُونَ لَهُمْ حَيَاةٌ وَلِيَكُونَ لَهُمْ أَفْضَلُ».

أمامنا هنا شخصان ينبغي التمييز بينهما: يسوع، معطي الحياة، والشيطان، سارق الحياة. يأتي إبليس إلى حياتنا لكي يأخذ حياتنا ويسرق بركات الله وعطاياه؛ يأتي إبليس لكي يقتل أجسادنا ويدمرنا إلى الأبد. ينبغي على كلٍّ منا أن يدرك الخطر الذي ينتظره

إذا سمـح لإبليس أن يأخـذ مكانـاً في حياتـه، فإنـه (إبليس) سيسرق ويقتل ويدمر إلى الحد الذي نسمح له فيه بذلك.

مـن ناحية أخرى، جاء يسـوع لكي يعمل عكس ذلك تمامـاً؛ جاء يسوع ليكون لنا حياة. أما عبارة « .. وَلِيَكُونَ لَهُـمْ أَفْضَلُ »، فتعنـي أن نتمتع بالحيـاة التي يقدمها المسيح بملئها وفيضها ووفرتها (انظر ترجمات أخرى). ومـن المهـم هنا أن ندرك أننا لا نستطيـع أن نقبل هذه الحياة الأفضل والتي جاء يسوع لكي يمنحنا إياها، إلا من خـلال الروح القدس؛ لا يمكن التمتـع بهذه الحياة إلا بمقـدار ما نسمح للروح القدس بالعمل فينا. أما إذا قاومنـا أو رفضنا عمل الروح القدس، فلا يمكن اختبار مـلء الحياة الإلهية التي وعدنا بهـا يسوع. لابد لنا أن نفهم أن الروح القدس هو الذي أقام جسد المسيح الميت من القبر، إذ يقول بولس في (رومية ١: ٤):

« وَتَعَـيَّنَ ابْنَ اللهِ بِقُوَّةٍ مِنْ جِهَـةِ رُوحِ الْقَدَاسَةِ،

بِالْقِيَامَةِ مِنَ الأَمْوَاتِ: يَسُوعَ الْمَسِيحِ رَبِّنَا».

عبارة «روح القداسة» هي طريقة يونانية في ترجمة العبارة العبرية التي تعني «الروح القدس»، والمعنى المقصود واضح في (الترجمة العربية الجديدة المشتركة) حيث نقرأ (رومية ١: ٤) كما يلي: «وفي الروح القدس ثَبَتَ أنه ابن **الله** في القدرة بقيامته من بين الأموات.» ومع أن بولس كان يكتب باليونانية، إلا أنه كان يفكر بالعبرية، لذلك عندما يقول: «**رُوحِ الْقَدَاسَةِ**»؛ فهو يعني «الروح القدس». إذاً، أُثبت وأُعلن و«تعين» بأن يسوع هو ابن **الله**، وتم ذلك الإثبات أو الإعلان أو التعيين (أي التأكيد) من خلال ذات القوة التي أقامت يسوع من الموت، والتي هي قوة الروح القدس.

أشرنا في فصل سابق إلى ما دَعَوْناه ذروة خطة الفداء الإلهية في هذا الدهر، وهي أن **الله** نفسه، بشخص الروح القدس يسكن أجسادنا المادية ويجعل منها هيكلاً له

ومكاناً لسكناه. ويقول بولس في (رومية ٨: ١٠- ١١):

«وَإِنْ كَانَ الْمَسِيحُ فِيكُمْ فَالْجَسَدُ مَيِّتٌ بِسَبَبِ الْخَطِيَّةِ، وَأَمَّا الرُّوحُ فَحَيَاةٌ بِسَبَبِ الْبِرِّ. وَإِنْ كَانَ رُوحُ الَّذِي أَقَامَ يَسُوعَ مِنَ الأَمْوَاتِ سَاكِناً فِيكُمْ، فَالَّذِي أَقَامَ الْمَسِيحَ مِنَ الأَمْوَاتِ سَيُحْيِي أَجْسَادَكُمُ الْمَائِتَةَ أَيْضاً بِرُوحِهِ السَّاكِنِ فِيكُمْ».

يعني العدد (١٠) أنه بدخول المسيح إلى حياتنا (ولادتنا من جديد) تأتي الحياة القديمة إلى نهايتها وتبدأ فينا حياة جديدة؛ تنتهي الحياة الجسدية، وتحيا أرواحنا بحياة الله. بعد ذلك (ع١١) يتابع بولس موضحاً ما يعنيه ذلك بالنسبة إلى أجسادنا المادية. ومن الواضح تماماً أن الشخص نفسه والقوة ذاتها التي أقامت يسوع من القبر تسكن الآن في جسد كلِّ مؤمنٍ خاضع، وتبعث في كل جسد مائت (أي معرض للموت) تلك الحياة التي انبعثت في جسد يسوع الميت، فأقامته بجسد أبدي.

ولن تتوقف عملية بعث الحياة الإلهية في أجسادنا حتى يأتي وقت القيامة العامة من الأموات. نحن لا نملك الآن أجساد القيامة، لكننا نملك حياة القيامة في أجسادنا الميتة. ويبيّنُ بولس في مواضع أخرى مختلفة أن حياة القيامة في أجسادنا الميتة تتكفل بجميع احتياجاتنا المادية المتعلقة بالجسد، ويستمر ذلك إلى الوقت الذي يفصل فيه الروح عن الجسد، ويدعونا إلى وطننا السماوي.

دعونا نرى ونفهم كيف تكونت أجسادنا أصلاً، لأن ذلك مرتبط بموضوع بحثنا، نقرأ في (تكوين ٢: ٧):

«وَجَبَلَ الرَّبُّ الإلَهُ آدَمَ تُرَاباً مِنَ الأَرْضِ وَنَفَخَ فِي أَنْفِهِ نَسَمَةَ حَيَاةٍ، فَصَارَ آدَمُ نَفْساً حَيَّةً».

كيف تكوَّن جسد الإنسان المادي؟ لقد نفخ **الله** من روحه، فتحول الطين إلى إنسان حي يتمتع بعجائب وروائع الجسد الإنساني بكل أجزائه ووظائفه. فالروح القدس هو الذي أوجد الجسد الإنساني أصلاً، ومن

المنطقي أنه هو الذي يحافظ على بقائه أيضاً. هذا منطقي جداً، وليت كل المؤمنين يدركون ذلك! فالشفاء الإلهي والصحة التي يبعثها الله هي أمور منطقية في ضوء كلمة الله المكتوبة.

ماذا تفعل إذا انكسرت قطعة أثاث خشبية في بيتك؟ هل تأخذها إلى صانع أحذية! أم تأخذها إلى نَجَّار حرفته صناعة الأثاث؟ فماذا إذا تعرّض جسدك إلى خلل ما؟ إلى أين تأخذ جسدك؟ أليس صانع الجسد (الروح القدس) هو الأولى بأن تأخذ جسدك إليه؟ هذا هو الرأي المنطقي الذي أعتقده. فالروح القدس صَنَعَ جسد الإنسان وهو يحافظ عليه ويعطيه القوة.

ولنا في شهادة بولس مثال مؤثر إذ يقول:

« ... **فِي الأَتْعَابِ أَكْثَرُ** (أي أكثر من غيري من الخدام). **فِي الضَّرَبَاتِ أَوْفَرُ. فِي السُّجُونِ أَكْثَرُ. فِي الْمِيتَاتِ مِرَاراً كَثِيرَةً. مِنَ الْيَهُودِ خَمْسَ مَرَّاتٍ قَبِلْتُ أَرْبَعِينَ جَلْدَةً إِلاَّ وَاحِدَةً. ثَلاَثَ مَرَّاتٍ ضُرِبْتُ بِالْعِصِيِّ. مَرَّةً**

رُجِمْتُ. ثَلاَثَ مَرَّاتٍ انْكَسَرَتْ بِيَ السَّفِينَةُ. لَيْلاً وَنَهَاراً قَضَيْتُ فِي الْعُمْقِ».

(٢كورنثوس ١١: ٢٣-٢٥).

أليس من المذهل وغير المعقول أن يجوز إنسان بذلك كله ويبقى مع ذلك نشيطاً جداً وشجاعاً وصحيح الجسم؟! أية قوة حافظت على بولس في تلك التجارب؟ إنها قوة الروح القدس. فيما يلي النص الذي يصف حادثة رجم بولس في لسترة:

«**ثُمَّ أَتَى يَهُودٌ مِنْ أَنْطَاكِيَةَ وَإِيقُونِيَةَ وَأَقْنَعُوا الْجُمُوعَ، فَرَجَمُوا بُولُسَ وَجَرُّوهُ خَارِجَ الْمَدِينَةِ ظَانِّينَ أَنَّهُ قَدْ مَاتَ** (الأمر الذي يتطلب الكثير من الرجم). **وَلَكِنْ إِذْ أَحَاطَ بِهِ التَّلاَمِيذُ قَامَ وَدَخَلَ الْمَدِينَةَ، وَفِي الْغَدِ خَرَجَ مَعَ بَرْنَابَا إِلَى دَرْبَةَ**».

يا له من رجل! لقد سمعت من يعتقدون أن بولس كان عاجزاً ضعيفاً يتنقل من مكان آخر وهو مريض معظم الوقت. وأنا أعلق على ذلك قائلاً: «إن كان بولس عاجزاً

ومريضاً، فليعطنـا الله المزيـد مـن المرضـى والعجـزة الذين يشبهون بولس!».

تطرّقنـا إلى لمحة مختصرة مـن تفاصيـل مـا تحمله الرسول بولس في جسده، ورأينا الحيوية والمرونة اللتين تَحَلَّى بهما، والآن ما هو السر في ذلك؟ ماذا يقول بولس نفسه عن ذلك؟ يقول في (٢كورنثوس ٤: ٧ـ ١٢):

«وَلَكِنْ لَنَا هَذَا الْكَنْزُ في أَوَانٍ خَزَفِيَّة («هذا الكنز» هـو روح الله الساكن فينـا)، لِيَكُونَ فَضْلُ الْقُوَّة للَّه لا منّـا. مُكْتَئبِينَ فـي كُلِّ شَيْء، لَكِنْ غَيْرَ مُتَضَايِقِينَ. مُتَحَيِّريـنَ، لَكِنْ غَيْرَ يَائسـينَ. مُضْطَهَدِينَ، لَكِنْ غَيْرَ مَتْروكِـينَ. مَطْروحِينَ، لَكِنْ غَيْرَ هَالكينَ. حاملين في الْجَسَد كُلَّ حِينٍ إمَاتَةَ الرَّبِّ يَسُوعَ، لِكَيْ تُظْهَرَ حَيَاةُ يَسُوعَ أَيْضاً في جَسَدِنـا. لأَنَّنَا نَحْنُ الأَحْيَاءَ نُسَلَّمُ دَائماً للْمَوْت مِنْ أَجْل يَسُوعَ، لِكَيْ تَظْهَرَ حَيَاةُ يَسُوعَ أَيْضاً في جَسَدِنَا الْمَائت. إذاً الْمَوْتُ يَعْمَلُ فينا، وَلَكِنِ الْحَيَاةُ فِيكُمْ».

ويبين العددان (٧، ٨) أننا لسنا أناساً مختلفين بحد ذاتنا، لكننا نمتلك قوة مختلفة؛ الأمور التي تحطم الآخرين لا تحطمنا نحن، لأننا نمتلك قوة فينا تجعلنا مَرِنِين. وفي العدد (١٠) نجد مفارقة جميلة: ينبغي أن نحمل في الجسد إماتة الرب يسوع (أي أن نحسب أنفسنا أمواتاً معه)، لكي تظهر حياة يسوع في جسدنا. وواضح أن بولس لا يشير بذلك إلى الدهر الآتي، بل إلى هذا الدهر حيث تظهر حياة قيامة يسوع فوق الطبيعية في أجسادنا، تلك الحياة التي بعثها الروح القدس في جسد المسيح.

العدد (١١) ينتهي بهذه الكلمات المهمة: «... **لِكَيْ تَظْهَرَ حَيَاةُ يَسُوعَ أَيْضاً فِي جَسَدِنَا الْمَائِتِ**. (أي المُعرض للموت)» وهذا لا يعني حضوراً سرياً ساكناً فينا، بل يعني حضوراً يعمل في أجسادنا بطريقة مرئية ظاهرة للجميع، فحياة قيامة يسوع تظهر في جسدنا المائت.

ويخبرنا العدد (١٢) أننا، إذ نقبل حكم الموت على أنفسنا، ونأتي إلى نهاية قدراتنا وإمكانياتنا الجسدية، ننتقل إلى مجال عمل حياة جديدة أخرى تعمل في الآخرين من خلالنا. «**لِذَلِكَ لاَ نَفْشَلُ. بَلْ وَإِنْ كَانَ إِنْسَانُنَا الْخَارِجُ يَفْنَى، فَالدَّاخِلُ يَتَجَدَّدُ يَوْماً فَيَوْماً**» (٢كو ٤: ١٦).

فبينما يفسد إنساننا الخارج (الظاهر) ويفنى، تتجدد الحياة في إنساننا الداخل (الباطن) يوماً فيوم؛ حياة **الله** الداخلية المعجزية الفائقة تتكفل وتهتم باحتياجات الإنسان الخارج في حياة كل واحد منا.

الفصل التاسع

إنسكاب المحبة الإلهية

أجمل وأعظم البركات التي يقدمها الروح القدس هي انسكاب محبة الله في قلوبنا. نقرأ في (رومية ٥: ١ـ ٥) ما يلي:

«فَإذْ قَدْ تَبَرَّرْنَا بِالإِيمَانِ لَنَا سَلاَمٌ مَعَ اللهِ بِرَبِّنَا يَسُوعَ الْمَسِيحِ، الَّــذِي بِهِ أَيْضاً قَدْ صَارَ لَنَا الدُّخُولُ بِالإِيمَانِ إِلَى هَــذِهِ النِّعْمَةِ الَّتِي نَحْنُ فِيهَا مُقِيمُونَ، وَنَفْتَخِرُ عَلَى رَجَاءِ مَجْدِ اللهـــِ. وَلَيْسَ ذَلِكَ فَقَطْ بَلْ نَفْتَخِرُ أَيْضاً فِي الضِّيقَاتِ، عَالِمِينَ أَنَّ الضِّيقَ يُنْشِئُ صَــبْراً، وَالصَّبْرُ تَزْكِيَةً، وَالتَّزْكِيَـــةُ رَجَاءً، وَالرَّجَاءُ لاَ يُخْزِي، لأَنَّ مَحَبَّةَ اللهِ قَدِ انْسَكَبَتْ فِي قُلُوبِنَا بِالرُّوحِ الْقُدُسِ الْمُعْطَى لَنَا».

وتأتـي ذروة هـذا النصـ في الكلمـات الأخـيرة:

«.. وَالرَّجَاءُ لاَ يُخْزِي، لأَنَّ مَحَبَّةَ اللهِ قَدِ انْسَكَبَتْ فِي قُلُوبِنَا بِالرُّوحِ الْقُدُسِ الْمُعْطَى لَنَا».

يحـدد بولس، في هذه الأعداد الخمسة، بعض مراحل النمو الروحي، والتي أود أن أمرَّ بها بإيجاز:

أولاً: لنا سلام مع الله.

ثانياً: صــار لنا الحق بـالدخــول إلى نعمة الله بالإيمان.

ثالثاً: نفتخر أو «نفرح» على الرجاء بمجد الله.

رابعاً: نفتخر أو (نفرح) أيضاً في الضيقات، وذلك لأننا نعلم بنتائج الضيقـات في حياتنا عندما نقبلها بطريقة صحيحة.

بعد ذلك يورد بولس ثلاث نتائج متعاقبة للضيقات عندما نتحملها بطريقة صحيحة:

أولاً: صبر، وهو هنا «المثابرة ـ perseverance».

ثانياً: تزكية، وهـي صفـة الشخصيـة الثابتة بعد تجاوز الامتحان بنجاح.

ثالثاً: رجاء.

ثم نأتي إلى الذروة: تنسكب محبة **الله** في قلوبنا بالروح القدس. والكلمة المترجمة «محبة» هنا في الأصل اليوناني «agape» والتي يحصر العهد الجديد استخدامها لوصف محبة **الله**. فمحبة الـ «agape» لا يمكن تحقيقها على المستوى البشري إلا بالروح القدس.

ويتابع بولس فيعّرف طبيعة الـ «agape»ويبين كيف ظهرت في **الله** وفي المسيح فيقول:

« **لأَنَّ الْمَسِيحَ اذْ كُنَّا بَعْدُ ضُعَفَاءَ مَاتَ فِي الْوَقْتِ الْمُعَيَّنِ لأَجْلِ الْفُجَّارِ. فَإِنَّهُ بِالْجَهْدِ يَمُوتُ أَحَدٌ لأَجْلِ بَارٍّ. رُبَّمَا لأَجْلِ الصَّالِحِ يَجْسُرُ أَحَدٌ أَيْضاً أَنْ يَمُوتَ. وَلَكِنَّ اللهَ بَيَّنَ مَحَبَّتَهُ لَنَا لأَنَّهُ وَنَحْنُ بَعْدُ خُطَاةٌ مَاتَ الْمَسِيحُ لأَجْلِنَا** ». (رومية ٥: ٦ـ ٨).

عندما مات المسيح لأجلنا كنا «ضعفاء، فُجَّار، خطاة.» بهذه الكلمات الثلاث يصف بولس حالتنا. أما محبة الـ «agape» فهي تعطي بلا حدود ولا شروط

مسبقـة؛ فـلا تقـول «ينبغي أن أكون صالحـاً» أو «أفعل هذا وذاك»، لكنها تقدم مجاناً، حتى لأكثر الناس فجوراً وعدم استحقاق.

والآن نتتبع المراحل المختلفة (حسب العهد الجديد) التـي تنشأ من خلالهـا الـ «agape»، وأولى هذه المراحل هـي الولادة الجديدة. نقرأ في (١بطرس ١: ٢٢ـ ٢٣):

«طَهِّرُوا نُفُوسَكُمْ فِي طَاعَـةِ الْحَقِّ بِالرُّوحِ لِلْمَحَبَّةِ الأَخَوِيَّـةِ الْعَدِيمَةِ الرِّيَاءِ، فَأَحِبُّـوا بَعْضُكُمْ بَعْضاً مِنْ قَلْبٍ طَاهِرٍ بِشِدَّةٍ. مَوْلُودِينَ ثَانِيَةً، لاَ مِنْ زَرْعٍ يَفْنَى، بَلْ مِمَّا لاَ يَفْنَى، بِكَلِمَةِ اللهِ الْحَيَّةِ الْبَاقِيَةِ إِلَى الأَبَدِ».

تبدأ إمكانيـة محبـة الـ «agape» في الولادة الجديدة مـن زرع كلمـة اللـه الـذي لا يفنى والباقـي إلى الأبـد، والـذي ينتج فينا حياة جديدة. بل إنّ محبة الـ «agape» هـي من جوهر طبيعة الحيـاة الجديدة. يقول يوحنا في (١يوحنا ٤: ٧ـ ٨):

«أَيُّهَا الأَحِبَّاءُ، لِنُحِبَّ بَعْضُنَا بَعْضاً، لأَنَّ الْمَحَبَّةَ

هِيَ مِنَ اللهِ، وَكُلُّ مَنْ يُحِبُّ فَقَدْ وُلِدَ مِنَ اللهِ وَيَعْرِفُ اللهَ. وَمَنْ لاَ يُحِبُّ لَمْ يَعْرِفِ اللهَ، لأَنَّ اللهَ مَحَبَّةٌ».

فترى أن المحبة (agape) هنا هي علامة الولادة من الله، فمـن ولـد من الله يتمتع بهـذه المحبة فيه، ومن لم يولد من الله لا يستطيع الحصول عليها.

ويصف بولس المرحلة الثانية في عملية بعث المحبة الإلهية فينا فيقول:

«وَالرَّجَاءُ لاَ يُخْـــزِي، لأَنَّ مَحَبَّةَ اللهِ قَدِ انْسَكَبَتْ فِي قُلُوبِنَا بِالرُّوحِ الْقُدُسِ الْمُعْطَى لَنَا».

فبعـد الـولادة الثانيـة، وفي تلـك الطبيعـة الجديدة الناتجـة عن الولادة الثانية، يسكب الروح القدس محبة الله الكليـة في قلوبنـا، فتغمرنـا المحبـة، ونصير على صلـة بمصـدر المحبـة الـذي لا ينضـب، إذ أن محبة الله كلهـا قـد انسكبت في قلوبنا بالـروح القدس. ما أحاول التشديـد عليه هنا هو أننا نتحدث عن محبة إلهية فوق طبيعيـة غير محـدودة، الأمر الذي لا يستطيـع أحدٌ ـ إلا

الروح القدس ـ أن يحققه.

قارن بين العبارات التي يستخدمها يسوع في (يوحنا ٧: ٣٧ ـ ٣٩):

«**وَفي الْيَوْمِ الأَخِيرِ الْعَظِيمِ مِنَ الْعِيدِ وَقَفَ يَسُوعُ وَنَادَى: «إِنْ عَطِشَ أَحَدٌ فَلْيُقْبِلْ إِلَيَّ وَيَشْرَبْ. مَنْ آمَنَ بِي كَمَا قَالَ الْكِتَابُ تَجْرِي مِنْ بَطْنِهِ أَنْهَارُ مَاءٍ حَيٍّ». قَالَ هَذَا عَنِ الرُّوحِ الَّذِي كَانَ الْمُؤْمِنُونَ بِهِ مُزْمِعِينَ أَنْ يَقْبَلُوهُ، ...**».

لاحظ المفارقة: أولاً هناك رجل عطشان لا يمتلك ما يكفيه هو، وبعد ذلك، عندما يأتي الروح القدس، يصبح الرجل العطشان قناة تجري من خلالها أنهار ماءٍ حي. إنها محبة **الله** التي انسكبت في قلوبنا، إنها ليست مجرد محبة بشرية، إنها ليست جزءاً من محبة **الله**، لكنها محبة **الله** بأكملها، ونحن ـ ببساطة ـ قد انغمرنا بها. لقد صار لمحبة **الله** الكاملة اللامحدودة أن تفيض من خلالنا بالروح القدس! نعم! يصبح العطشان قناة

تجري منها أنهار الماء الحي.

ننظر الآن في أصحاح المحبة المشهور الذي كتبه بولس في (١كورنثوس). ففي نهاية أصحاح ١٢ يقول بولس:

«... **وَأَيْضاً أُرِيكُمْ طَرِيقاً أَفْضَلَ.**» وذلك الطريق الأفضل هو ما يرينا إياه بولس في الإصحاح ١٣، حيث يستهل هذا الأصحاح قائلاً:

«**إِنْ كُنْتُ أَتَكَلَّمُ بِأَلْسِنَةِ النَّاسِ وَالْمَلاَئِكَةِ وَلَكِنْ لَيْسَ لِي مَحَبَّةٌ** (agape)**، فَقَدْ صِرْتُ نُحَاساً يَطِنُّ أَوْ صَنْجاً يَرِنُّ. وَإِنْ كَانَتْ لِي نُبُوَّةٌ وَأَعْلَمُ جَمِيعَ الأَسْرَارِ وَكُلَّ عِلْمٍ، وَإِنْ كَانَ لِي كُلُّ الإِيمَانِ حَتَّى أَنْقُلَ الْجِبَالَ، وَلَكِنْ لَيْسَ لِي مَحَبَّةٌ فَلَسْتُ شَيْئاً. وَإِنْ أَطْعَمْتُ كُلَّ أَمْوَالِي، وَإِنْ سَلَّمْتُ جَسَدِي حَتَّى أَحْتَرِقَ وَلَكِنْ لَيْسَ لِي مَحَبَّةٌ، فَلاَ أَنْتَفِعُ شَيْئاً**».

(١كورنثوس ١٣: ١ـ ٣).

من المهم أن نرى أن كل مواهب الروح القدس وإظهاراته تهدف إلى أن تكون قناة وأداة لإظهار المحبة الإلهية. فإذا لم نستخدم هذه المواهب بحيث تكون تحت تصرف محبة **الله**، فإننا نحبط بذلك مخطط **الله**. ربما نمتلك كل المواهب الروحية من دون محبة **الله**، لكننا لا نكون أكثر من نحاس يطن أو صنج يرن على حد تعبير الكتاب، نحن لا شيء ولا نمتلك شيئاً من دون المحبة الإلهية.

يقول بولس في العدد الأول: «**إِنْ كُنْتُ أَتَكَلَّمُ بِأَلْسِنَةِ النَّاسِ وَالْمَلاَئِكَةِ وَلَكِنْ لَيْسَ لِي مَحَبَّةٌ، فَقَدْ صِرْتُ نُحَاساً يَطِنُّ أَوْ صَنْجاً يَرِنُّ**»، فعندما يأتي الروح القدس إلى قلوبنا، إنما يأتي إلى قلب تطهر بالإيمان وتحول إلى **الله**. لكن من الممكن - فيما بعد - أن تجف حياتنا، وأن نضل عن أهداف **الله**، أو قد نسيء استخدام المواهب والإمكانيات التي وضعها **الله** تحت تصرفنا. وفي مثل تلك الحالة، يصدق علينا قول بولس: «**فَقَدْ صِرْتُ نُحَاساً يَطِنُّ أَوْ صَنْجاً يَرِنُّ**»، فهو يريد أن

يقول: «لا أكـون بهذه الحـالة عندمـا أقبل الروح القدس، لكننـي أصير كذلك بسبب تجاوز أهـداف **الله**، فلا تعود تتحقق أهدافه في حيـاتـي».

قـــارن هـــذا مـــع مـــا يـقـولـه بـولـس في (١تيموثاوس ١: ٥-٦):

«**وَأَمَّا غَايَةُ الْوَصِيَّةِ فَهِيَ الْمَحَبَّةُ مِنْ قَلْبٍ طَاهِرٍ، وَضَمِـــيرٍ صَالِحٍ، وَإِيمَانٍ بِلاَ رِيَاءٍ. الأُمُورُ الَّتِي إِذْ زَاغَ قَوْمٌ عَنْهَا انْحَرَفُوا إِلَى كَلاَمٍ بَاطِلٍ**».

غايـة كل الخدمـة المسيحية هـي المحبـة، هدف **الله** من نحو المؤمنين هـو أن يتمتعوا بـالمحبة الإلـهية وأن يعبروا عنها بـاستمرار.

نلخص الآن المراحـل الثلاث في عملية بعث المحبة الإلـهية فينا:

أولاً: الولادة الجديدة، عندما نولد ثـانية نمتلك قـابلية التفاعل مع محبة **الله**.

ثانياً: انسكاب محبة الله الكاملة في قلوبنا بالروح القدس المُعطى لنا، مما يجعل المنابـع الإلهية التي لا تنضب في متناولنا.

ثالثاً: التعبير اليومي عن هذه المحبة في ممارسات الحيـاة اليوميـة، وذلـك مـن خـلال الانضبـاط والنمو التدريجي في الشخصيـة الروحية، ويتحقق هذا عندما تفيض محبة الله من خلالنا، لتكون في متناول الآخرين من البشر.

عندمـا شاهـدت شلالات نياجـرا لأول مـرة، شبهت كميـات المياه الضخمة بمحبـة الله المنسكبة. ثم فكرت في نفسي قـائلاً: « لكـن الهدف والفائدة من هذه المياه لا يتحقـق بمجرد انسكابها، بل عندما نستخدم طاقتها لإنتاج الضوء والحرارة والقـوة التي يستخدمها سكان الكثير من المدن الكبرى في شمـال القارة الأمريكية».

وهـذا ينطبـق علينـا أيضـاً، فنحن نقبل محبة الله

عندمـا نولـد ثانيـة، وتنسكب علينـا بعد ذلـك بالروح القدس، لكنها لا تكون في متناول إخوتنا من البشر إلا إذا فاضت من خلال قنوات حياتنا، ويتم هذا بالتدريب والتلمذة والانضباط.

الفصل العاشر

الانفتاح للروح القدس

كيف نستطيع أن ننفتح للروح القدس، وأن نقبله ونتمتع بملئه، بل ونقبل - من خلاله - كل البركات التي وعدنا بها الله؟ فيما يلي ننظر في عدد من المقاطع الكتابية التي تحدد الشروط الواجب تحقيقها من أجل قبول ملء الروح القدس، فالله يطالبنا بتتميم بعض المبادئ الأساسية المحددة.

تُب واعتمد

تأتي كلمات (أعمال الرسل ٢: ٣٧-٣٨) في ختام خطاب بطرس في يوم الخمسين، كما يبين هذا المقطع تجاوب الناس مع رسالة بطرس:

«فَلَمَّا سَمِعُوا نُخِسُوا فِي قُلُوبِهِمْ وَسَأَلُوا بُطْرُسَ وَسَائِرَ الرُّسُلِ: «مَاذَا نَصْنَعُ أَيُّهَا الرِّجَالُ الإِخْوَةُ؟».

فَقَالَ لَهُمْ بُطْرُسُ: «تُوبُوا، وَلْيَعْتَمِدْ كُلُّ وَاحِدٍ مِنْكُمْ عَلَى اسْمِ يَسُوعَ الْمَسِيحِ لِغُفْرَانِ الْخَطَايَا، فَتَقْبَلُوا عَطِيَّةَ الرُّوحِ الْقُدُسِ».

نـرى هنـا الوعد «فَتَقْبَلُوا عَطِيَّةَ الرُّوحِ الْقُدُسِ». ونـرى الشرطين أيضـاً: «تُوبُوا، وَلْيَعْتَمِدْ كُلُّ وَاحِدٍ مِنْكُمْ»، والتوبـة هـي الرجوع عـن الخطية والعصيـان، والخضـوع بـلا تحفظ لله ولإرادتـه. أمـا المعمودية فهـي (ممارسة) (أو سر أو طقس ـ مهما كان اسمهـا) يعلـن فيها كل واحد منا أمـام العالم وبطريقة مرئيـة، بأنه مات ودُفن وقام مـع الرب يسوع المسيح. إذاً هنـاك مطلبان أساسيان لقبول عطية الروح القدس: ينبغي أن نتوب أولاً ثم نعتمد في الماء.

اطلب من الله

يقول يسوع في (لوقا ١١: ٩ ـ ١٣):

«وَأَنَا أَقُولُ لَكُمُ: اسْأَلُوا تُعْطَوْا. اطْلُبُوا تَجِدُوا.

اقْرَعُوا يُفْتَحْ لَكُمْ. لأَنَّ كُلَّ مَنْ يَسْأَلُ يَأْخُذُ، وَمَنْ يَطْلُبُ يَجِدُ، وَمَنْ يَقْرَعُ يُفْتَحُ لَهُ. فَمَنْ مِنْكُمْ وَهُوَ أَبٌ يَسْأَلُهُ ابْنُهُ خُبْزاً أَفَيُعْطِيهِ حَجَراً؟ أَوْ سَمَكَةً أَفَيُعْطِيهِ حَيَّةً بَدَلَ السَّمَكَةِ؟ أَوْ إِذَا سَأَلَهُ بَيْضَةً أَفَيُعْطِيهِ عَقْرَباً؟ فَإِنْ كُنْتُمْ وَأَنْتُمْ أَشْرَارٌ تَعْرِفُونَ أَنْ تُعْطُوا أَوْلاَدَكُمْ عَطَايَا جَيِّدَةً، فَكَمْ بِالْحَرِيِّ الآبُ الَّذِي مِنَ السَّمَاءِ يُعْطِي الرُّوحَ الْقُدُسَ لِلَّذِينَ يَسْأَلُونَهُ!».

هذا شرط بسيط، إلا أنه مهم جداً، يقول يسوع إنَّ الآب يعطي الروح القدس لأبنائه الذين يسألونه ذلك (يطلبون منه). سمعت مؤمنين يقولون: «لا أحتاج أن أسأل الله من أجل الروح القدس»، ومن واجبي أن أقول إنَّ ذلك غير كتابي. لقد كان يسوع يتكلم لتلاميذه عندما قال لهم إنَّ الآب يعطيكم الروح القدس إذا طلبتم الروح القدس، فإن كان ينبغي على يسوع أن يطلب من الآب، فما الذي يضيرنا إن طلبنا نحن أيضاً؟! هذا هو الشرط الثالث: الطلب أو السؤال.

اعطش

ثلاثة شروط أخرى نجدها في (يوحنا ٧: ٣٧ ـ ٣٩):

«وَفِي الْيَوْمِ الأَخِيرِ الْعَظِيمِ مِنَ الْعِيدِ وَقَفَ يَسُوعُ وَنَادَى: «إِنْ عَطِشَ أَحَدٌ فَلْيُقْبِلْ إِلَيَّ وَيَشْرَبْ. مَنْ آمَنَ بِي كَمَا قَالَ الْكِتَابُ تَجْرِي مِنْ بَطْنِهِ أَنْهَارُ مَاءٍ حَيٍّ». قَــالَ هَذَا عَنِ الرُّوحِ الَّذِي كَانَ الْمُؤْمِنُونَ بِهِ مُزْمِعِينَ أَنْ يَقْبَلُــوهُ، لأَنَّ الرُّوحَ الْقُدُسَ لَمْ يَكُنْ قَدْ أُعْطِيَ بَعْدُ، لأَنَّ يَسُوعَ لَمْ يَكُنْ قَدْ مُجِّدَ بَعْدُ».

يوضـح كاتـب الإنجيل، بمـا لا يقبل التشكيك أو التأويل، أن، يسوع يتحدث هنا عن قبول المؤمنين للروح القدس. فلنتذكر ذلك بينما نتفحص كلمات يسوع حيث قال: «إِنْ عَطِشَ أَحَدٌ فَلْيُقْبِلْ إِلَيَّ وَيَشْرَبْ». ونجد هنا ثلاثة متطلبات عملية بسيطة.

المطلـب الأول هــو ضـرورة أن نعطش. الله لا يجبر أحـداً على قبول بركاته إن كان لا يشعر بحاجته إليها، لم يتمتــع الكثيرون بقبول ملء الـروح القدس لأنهم لم

يعطشوا فعـلاً. إن كنت تعتقد أنك مكتفٍ بما لديك الآن، فلمـاذا (يثقل) الله عليك بالمزيد؟ فمـن المحتمل أنك لم تستخدم ما سبق وأخذتـه، ولم توظفه كما ينبغي، فإذا أعطاك الله المزيد، تقع دينونة أكبر.

العطش هـو شرط أسـاسي، وهـو يعنـي أنـك تقـر بحاجتـك إلى أكثر مما تملـك الآن. والواقـع أن العطش يُعتبر مـن أشد رغبـات جسـد الإنسان؛ عندما يعطش أحدهـم بالفعل، تراه لا يـولي اهتمامـاً للطعـام أو لأي شيء آخر، كل ما يريده هو أن يشرب. لقد أمضيت ثلاث سنـوات في صحاري شمال أفريقيا، وأستطيع أن أصف معنـى العطش بطريقة ملهمة: عندما يعطش إنسان ما، فهو لا يجادل أو يتكلم أو يناقش، لكنه يذهب إلى حيث الماء. هذا ما قصده يسوع بضرورة العطش.

تعالى إلى يسوع

بعـد ذلك، وإن كنـت عطشانـاً بالفعل، يقول يسوع: «... فَلْيُقْبِلْ إِلَيَّ...» فالشرط الثاني هو المجيء إلى يسوع.

يسوع هو المُعَمِّد بالروح القدس، فإن أردت أن تعتمد بالروح، تعال إلى يسوع، إن المعمودية بالروح القدس هي عمل يختص به (يسوع)، وليس لآخر أن يأخذ دوره.

اشرب

ثم يقول يسوع إنّ الخطوة التالية هي الشرب، وهي من البساطة بحيث يهملها بعض الناس، فالشرب هو عملية قبول شيء ما بقرار إرادي، يتبعه تجاوب حركي لأجزاء معينة من الجسم. والشرب - بالمفهوم الروحي - هو أيضاً جزء من قبول الروح القدس، فالعطش والمجيء إلى يسوع والشرب جميعها خطوات مهمة. أما موقف الخمول وعدم التجاوب فلا ينطبق على الشرب، كأن يقول أحدهم: «إن إراد **الله** أن يعطيني شيئاً، فليعطني إياه!» لكن الشرب - في الواقع - هو عملية قبول إرادية فعالة.

اخضع (سلم)

نعود الآن إلى حقيقتين تتعلقان بأجسادنا المادية

(أشرنا إليهما في فصول سابقة): أولى هاتين الحقيقتين هـي أن الله قصـد لأجسادنـا أن تكون هيـاكل للـروح القدس. يقول بولس (١كورنثوس ٦: ١٩):

«أَمْ لَسْتُمْ تَعْلَمُونَ أَنَّ جَسَدَكُمْ هُوَ هَيْكَلٌ لِلرُّوحِ الْقُدُسِ الَّذِي فِيكُمُ، الَّذِي لَكُمْ مِنَ اللهِ، ...؟».

أمـا الحقيقـة الثانيـة فهـي أننا مطالبـون بتقديم (إخضـاع أو تسليـم) أعضـاء جسدنـا كأدوات لخدمته، وهذه مسئوليتنا كما تبين (رومية ٦: ١٣):

«وَلاَ تُقَدِّمُوا أَعْضَاءَكُمْ آلاَتِ إِثْمٍ لِلْخَطِيَّةِ، بَلْ قَدِّمُوا ذَوَاتِكُمْ لِلَّهِ كَأَحْيَاءٍ مِنَ الأَمْوَاتِ، وَأَعْضَاءَكُمْ آلاَتِ بِرٍّ لِلَّهِ».

إنهـا مسئولية تضعهـا كلمة الله علينـا مباشرةً، أن نقـدم (نخضـع، نسلم، نكرس) أعضـاء جسدنا لله لكي يستخدمهـا. أما العضـو الذي يحتـاج إلى تسليم بشكل خاص فهو اللسان؛ يقول يعقوب ببساطة ووضوح:

«وَأَمَّـــا اللِّسَانُ فَلاَ يَسْتَطِيعُ أَحَـــدٌ مِنَ النَّاسِ أَنْ يُذَلِّلَهُ». (يعقوب ٣: ٨).

نحتـــاج إلى معونـــة الله في السيطرة علـــى جميـــع أعضاء الجسد، لكننـــا نحتاج إلى معونة خاصة من الله عندمـا يتعلق الأمر باللسان. وعندما يأتي الروح القدس بملئه، يبـــدأ باللسان. فهو أول الأعضـــاء التي يؤثر بها ويسيطر عليها ويستخدمها لمجد الله. ومن يحمل نفسه عنـــاء البحث في العهد الجديـــد، يجد أن النتيجة الفورية في جميع حالات الامتلاء من الروح القدس (المعمودية أو الامتلاء بعـد المعمودية) هي شكل من أشكال النطق باللســـان. وسـواء كان ذلك نبوة أو تسبيـــح وتعظيم أو ألسنة، فإنه يتعلـــق دائماً بالفم. عندما تأتي إلى يسوع وتشرب، يكون الفيض هو النتيجة، هذا ما يؤكده يسوع بكل وضوح في (متى ١٢: ٣٤) حيث يقول:

«... فَإِنَّهُ مِنْ فَضْلَةِ الْقَلْبِ يَتَكَلَّمُ الْفَمُ».

عندمـــا يمتلئ قلبك حتـــى الفيض، فهو إنما يفيض

مـن الفم بواسطة الكلام، لا يريـد **الله** بذلك أن تمتلك ما يكفيـك فقـط، بل أن تفيـض على الآخريـن أيضاً. تذكر قول يسوع: «**تَجْرِي مِنْ بَطْنِهِ أَنْهَارُ مَاءٍ حَيٍّ**» هذا هو قصد الله الأسمى.

المتطلبـات الإلهية

فيمـا يلـي قائمة بالشروط السابقة وهي مبنية بشكل كامل على أقوال الكتاب المقدس، والمتعلقة بقبول ملء الروح القدس:

١) تُب.

٢) اعتمد.

٣) اطلب من الله.

٤) اعطش.

٥) تعال إلى يسوع.

٦) اشرب (اقبل في داخلك).

٧) قـدم جسدك هيكلاً للـروح القدس وأعضاءه آلات بر لله.

ربمــا تتســاءل الآن «كيـف أفعـل هـذا كلـه؟»
وسأساعـدك بتقديم نمط لصـلاة تتضمـن الأمور التي
شرحناهــا. اقرأ الصلاة التالية، فـإن كانت تعبر عن
رغبتك وجهها إلى الله بصوتٍ مسموع:

يــا رب يسوع أنا عطشان لملء روحك القدوس.
أنا أقدم جسدي كهيكل، وأعضاء جسدي كأدوات بر،
وخاصة لساني الــذي لا أستطيع أن أسيطر عليه.
امــلأني يا رب، واجعل الــروح القدس يفيض من
خلال شفتي بأنهار التسبيح والعبادة، آمــين.

إذا صليت هذه الكلمات بإخلاص، فقد سمعها
الله، والاستجابة على الطريق. وربما يدهشك
الملء الذي ستحصل عليه!

نبذة عن المؤلف

ولد «ديريك برنس» في الهند عام ١٩١٥ من والدين بريطانيـين. تعلـم اليونانية واللاتينيـة في اثنتين من أشهـر المؤسسات التعليميـة في بريطانيا العظمى هما: كليـة آيتون وجامعة كامبردج. والتحق بعضوية كلية «kings» للفلسفـة القديمـة والمعاصرة في الفتـرة بين (١٩٤٠_١٩٤٩) في كامبردج. درس اللغـات العبرية والآراميـة كما يجيد عدداً من اللغات الحديثة .

في السنـوات الأولى مـن الحـرب العالميـة الثانيـة، وبينمـا كان يخـدم في الفيلـق الطبـي للجيش الملكي البريطانـي، تقابل ديريك برنس مع الرب يسوع المسيح فتغيرت حياته، وهو يكتب عن هذا الاختبار قائلاً: «بعد أن تعرفت على المسيح استنتجـت حقيقتين، لم أعرف سبباً واحداً يدعوني إلى التخلي عنهما:

١- إن يسوع المسيح حي.

٢- إن الكتاب المقدس صحيح ومناسب لكل زمان. لقد غيرت هاتان الحقيقتان مسار حياتي كلها بطريقة جذرية، تزوج ديريك برنس من زوجته الأولى «ليديا» وتبنى تسع بنات. وعام ١٩٧٥ رقدت «ليديا» فتزوج ديريك زوجته الحالية «روث» عام ١٩٧٨.

وصل ديريك بأسلوبه اللاطائفي إلى أناس من مختلف الخلفيات العرقية والدينية. وهو معروف كأحد رواد تفسير الكتاب المقدس في العالم. وقد نشر أكثر من ثلاثين كتاباً، ترجم بعضها إلى أكثر من خمسين لغة.

)

www.ingramcontent.com/pod-product-compliance
Lightning Source LLC
Chambersburg PA
CBHW071817020426
42331CB00007B/1515
9789776194168